– SOBRE LOS AUTORES –

William Glasser, M.D., es un psiquiatra certificado por la junta médica. Él desarrolló la llamada terapia de realidad, una eficiente técnica de asesoramiento. Esta terapia eventualmente evolucionó hacia la teoría de la elección, la cual se describe en este libro. Ambas son ampliamente reconocidas hoy en día y se enseñan en todo el mundo.

Carleen Glasser, M.A., trabaja con su marido dando talleres sobre relaciones y seminarios basados en la teoría de la elección, utilizando las ideas desarrolladas por el Dr. Glasser. Ha sido instructora del Instituto William Glasser durante veinte años.

Ambos poseen una extensa experiencia como consejeros, aunque en este momento mucho de su tiempo transcurre en trabajar juntos dando conferencias, escribiendo y enseñando. Este libro es el resultado más reciente de ese esfuerzo.

Chicago Public Library
Toman Branch
2708 S Pulaski
Chicago, Il 60623

Los ocho consejos para mantener un matrimonio feliz

OTROS LIBROS POR WILLIAM GLASSER, M.D.,
Y CARLEEN GLASSER, M.A.

Getting Together and Staying Together: Solving the Mystery of Marriage
What Is This Thing Called Love?
The Language of Choice Theory

OTROS LIBROS POR WILLIAM GLASSER, M.D.

Warning: Psychiatry Can Be Hazardous to Your Health
For Parents and Teenagers
Counseling with Choice Theory
Reality Therapy in Action
The Quality School Teacher
Choice Theory in the Classroom
Choice Theory
Staying Together (Revised as: *Getting Together and Staying Together)*
The Control Theory Manager
The Quality School
Control Theory in the Classroom
Control Theory
Schools Without Failure
Reality Therapy
Positive Addiction
The Identity Society
Mental Health or Mental Illness?
Stations of the Mind

LOS OCHO CONSEJOS

– PARA MANTENER –

UN MATRIMONIO FELIZ

William Glasser, M.D.
y Carleen Glasser, M.A.

Traducido del inglés por Gabriela Marrone

rayo *Una rama de* HarperCollins*Publishers*

Los dibujos de *Al borde* se utilizan con el permiso de los titulares del copyright Joe Martin y Neatly Chiseled Features.

Los individuos que se mencionan en este libro son un compuesto de pacientes que el autor ha aconsejado o conocido en el transcurso de su carrera profesional. Cualquier semejanza a una persona, viva o muerta, es pura coincidencia.

LOS OCHO CONSEJOS PARA MANTENER UN MATRIMONIO FELIZ. Copyright © 2007 por William Glasser, Inc. Traducción © 2008 por Gabriela Marrone. Todos los derechos reservados. Impreso en los Estados Unidos de América. Se prohíbe reproducir, almacenar o transmitir cualquier parte de este libro en manera alguna ni por ningún medio sin previo permiso escrito, excepto en el caso de citas cortas para críticas. Para recibir información, diríjase a: HarperCollins Publishers, 10 East 53rd Street, New York, NY 10022.

Los libros de HarperCollins pueden ser adquiridos para uso educacional, comercial o promocional. Para recibir más información, diríjase a: Special Markets Department, HarperCollins Publishers, 10 East 53rd Street, New York, NY 10022.

Diseño del libro por Jaime Putorti

Este libro fue publicado originalmente en inglés en el año 2007 por HarperCollins Publishers.

PRIMERA EDICIÓN RAYO, 2008

Library of Congress ha catalogado la edición en inglés.

ISBN: 978-0-06-155508-4

08 09 10 11 12 DIX/RRD 10 9 8 7 6 5 4 3 2 1

R03251 16405

Chicago Public Library
Toman Branch
2708 S Pulaski
Chicago, IL 60623

A nuestros hijos casados

Alice y Jesse

Martin y Pamela

Jana y Michael

Terry y Barbara G.

¡Que cada uno de ustedes viva una larga y feliz vida juntos!

AGRADECIMIENTOS

Queremos agradecerles a todas las parejas casadas que hemos conocido durante nuestras vidas. Algunas tenían un matrimonio feliz, otras no, pero aprendimos mucho de todas ellas. Fueron las que nos inspiraron a escribir este libro.

Agradecemos a Joe Martin y Jon Carlson por permitirnos usar sus maravillosas caricaturas y sabios comentarios. Apreciamos la interminable paciencia, amistad, generosidad y tiempo que nos brindaron Brandi Roth y Bruce Clemens. Finalmente, le agradecemos a Linda Harshman por su gran visión y su continua dedicación y apoyo, que tanto apreciamos. No podríamos haber hecho esto sin su ayuda.

– CONTENIDO –

– ILUSTRACIONES –

– PREFACIO –

William y Carleen Glasser han combinado sus conocimientos sobre los matrimonios que funcionan y los que fallan, basándose en la teoría de la elección de William Glasser, para presentar *Los ocho consejos para mantener un matrimonio feliz*, que comienza con la verdad fundamental de que la única persona a quien uno puede cambiar es a sí mismo. No se le puede exigir a su cónyuge que cambie. Cuanto más esfuerzos hagan con ese fin, más infelicidad crearán. *Los ocho consejos para mantener un matrimonio feliz* está basado en la experiencia de matrimonios exitosos, de los que han fracasado, y en la visión necesaria para poder reconocer las diferencias entre estos. Corregir un matrimonio descarrilado quizás sólo requiera unos pocos ajustes. El secreto reside en reconocer los ajustes que se pueden hacer y no tratar de forzar los que no pueden ser forzados. Este libro es claro, directo y accesible. Un concepto importante no requiere de muchas palabras.

Yo he trabajado como abogado especializado en divorcios durante treinta años. He representado a mucha gente adinerada cuyos problemas conyugales no se trataban de finanzas y para quienes no había dinero posible que pudiese arreglar dichos problemas. En *Los ocho consejos para mantener un matrimonio feliz*, puedo distinguir las pautas de matrimonios que he visto fracasar una y otra vez. Intuyo que muchos de esos matrimonios que fracasaron podrían haberse salvado si esas parejas hubieran leído y aplicado los consejos que aparecen en este libro antes de que sus matrimonios se marchitaran.

Bruce A. Clemens, Esq.
Beverly Hills, California
2007

– PRÓLOGO –

"CREO QUE DOY PARA MÁS, ¿DEBO CONFORMARME CON EL SEGUNDO LUGAR?"

La verdadera pregunta es, ¿puede usted ser un compañero diferente? Muchas veces nos convencemos de que somos maravillosos y que todo lo que necesitamos es encontrar un compañero mejor. La verdad es que debemos SER un compañero mejor.

Todo el mundo comienza su matrimonio con la esperanza de una vida entera de "felicidad compartida". Muy pronto las parejas se dan cuenta de que sus expectativas van más allá de la realidad (¡al menos con el compañero actual!). Lo que comenzó con regocijo, vertiginosamente se convierte en desilusión y soledad. Muchas parejas eligen terminar sus matrimonios, pero rápidamente comienzan el mismo ciclo nuevamente con otra persona. El matrimonio existe para mejor y para peor. Sin embargo, muchas parejas lo abandonan demasiado pronto, sin pensar que las cosas pueden velozmente volver a cambiar de peor a mejor. Investigaciones recientes demuestran que tres de cuatro parejas a punto de divorciarse que eligen permanecer casados informan que unos cinco años después logran tener una relación satisfactoria. Muchas de estas parejas llegaron a tener serios problemas en su relación como infidelidad, abuso físico, pobreza y alcoholismo. Sólo lograron mejorar cuando realmente le hicieron honor al compromiso de permanecer juntos "hasta que la muerte nos separe". Lo triste es que aquellos que se divorcian rara vez vuelven a encontrar ese nível de "satisfacción".

Casi nadie se concentra en hacer feliz al compañero que tiene a su lado. En cambio, esperamos que nuestros compañeros nos hagan felices y hasta llegamos a creer que hacerlo es su responsabilidad. Tratamos de controlar, obligar, humillar, culpar, avergonzar, y hacer cualquier otra cosa que se nos ocurra para obtener lo que *nosotros* deseamos del matrimonio. Tenemos claro lo que nuestros compañeros deben hacer para mejorar, pero vemos como ajena la necesidad de cambiar algo en nosotros mismos. Este libro ayuda a cada miembro de la pareja a hacerse responsable de la infelicidad en el matrimonio. Los autores no solo presentan sus ideas si no también ponen a disposición las herramientas necesarias en cada uno de los consejos que aparecen en este libro.

Yo he tenido el privilegio de haber conocido a Bill y Carleen Glasser durante varios años. Hemos tenido la oportunidad de enseñar, viajar y crear proyectos profesionales sobre medios de comunicación juntos. Los Glasser entienden que las decisiones deben ser tomadas en base a lo que nos conviene a *nosotros*. Ellos nos hacen ver la importancia de usar palabras como *nosotros, nos,* y *nuestros* frecuentemente para ayudar a solidificar el matrimonio en una unión verdadera.

Este pequeño libro es fundamental porque revela la sabiduría práctica que sólo se adquiere con la edad y la experiencia. Mientras leía este libro, recordé la historia de la navaja de Occam: Los problemas complejos no siempre necesitan soluciones complejas. En este libro, las ideas están expuestas con claridad, y los ejemplos están contados de una manera simple. Considere el releer este libro cada mes para así conseguir permanecer en el rumbo que usted ha elegido para su relación conyugal. También les recomiendo que si tienen niños trabajen en el bosquejo que aparece más adelante; les ayudará a reducir significativamente el stress que se deriva de las relaciones donde hay un compromiso serio.

Los Glasser creen firmemente que la salud mental proviene de llevarse bien con toda la gente importante que ustedes tienen en su vida. Las ideas presentadas en este libro están dirigidas hacia el matrimonio, pero también pueden aplicarse a todas sus otras relaciones. Como dice el comediante Jonathan Winters, "Si su barco no viene hacia usted... entonces nade hacia él". Siga el ejemplo de los Glasser y hágase cargo de elegir un camino saludable y feliz que abarque a todas sus relaciones.

Jon Carlson, PsyD, EdD, ABPP
Profesor Distinguido
Universidad Governors State
Autor de Time for a Better Marriage

Los ocho consejos para mantener un matrimonio feliz

– INTRODUCCIÓN –

Generalmente, todos nos casamos. Hemos estado haciéndolo durante siglos en todo el mundo, y no hay indicación alguna de que vayamos a parar. Muchos de nosotros nos divorciamos y nos volvemos a casar, en algunos casos hasta varias veces. Frecuentemente, la gente soltera anhela casarse y la gente casada anhela la libertad. Pero luego de un período de libertad la mayoría vuelve a pensar en el matrimonio, aunque casarse no sea exactamente lo que desean.

Lo que buscan la primera vez y las demás veces que lo intentan, y lo que logran experimentar casi siempre creyendo que es amor, es un delicioso intervalo pre y post matrimonial denominado enamoramiento. Mientras el enamoramiento les dura, se aceptan el uno al otro totalmente, tanto social como sexualmente, y desean fervientemente que este sentimiento les dure eternamente, sin ninguna conciencia de que la dura realidad es que el enamoramiento no es amor.

El enamoramiento comienza a desvanecerse a medida que la pareja va aprendiendo más uno sobre el otro. A pesar del desaliento que esto produce momentáneamente, la pérdida del enamoramiento no aparenta ser un impedimento en este inexorable proceso. Cuando esto ocurre, la mayoría de las parejas sienten que han dejado de amarse y comienzan a pensar en separarse y seguir su propio camino en lugar de esmerarse por pasar del enamoramiento hacia un amor duradero.

Hay sólo algunos matrimonios primerizos exitosos. Vivir en estado de felicidad durante toda una vida es más una fantasía que un hecho y las parejas se dan por vencidas demasiado pronto luego de que el enamoramiento muere. Pero como me dijo un amigo que estuvo casado varias veces antes de que su cuarto matrimonio finalmente triunfara, "Considere la alternativa". En su caso en particular, él tuvo suerte, pero nuestra opinión es que no hay una alternativa que satisfaga todas las necesidades como lo hace un matrimonio feliz. Ser soltero y estar solo, era para él, y es para la vasta mayoría de la gente, algo desdichado. Obviamente, existen algunas excepciones. Algunas personas se sienten satisfechas permaneciendo solteras y encuentran una felicidad propia. Es innegable que los matrimonios infelices, con todas sus desavenencias, son un problema enorme en todo el mundo, y sin demasiadas soluciones a la vista. Una buena manera de concebir esto es visualizándonos a nosotros mismos como uno más del montón caminando sobre una gran roca lisa en declive. Algunos cesan de caminar, pero tienen una clara conciencia de la incómoda pendiente sobre la que se encuentran parados. Requiere un gran esfuerzo mantenerse ahí, y ese esfuerzo nos consume la vitalidad. Somos sólo unos pocos los que aprendemos a deducir como mantener al matrimonio feliz, sin necesidad de transitar ese declive fatal, y logramos convertir nuestro breve enamoramiento en una amistad sexual que a largo término podemos denominar amor.

Pero mientras aún tenemos fuerza, muchos de nosotros volvemos atrás y decidimos trepar nuevamente la pendiente esperando conocer otro ser nuevo y excitante del montón que nos haga experimentar una vez más ese enamoramiento que sentíamos anteriormente. Muchos de nosotros volvemos a encontrar a alguien, y el enamoramiento se repite con el nuevo compañero, similar, de muchas formas, al que tuvimos anteriormente. Pero si no sabemos como transformar este nuevo enamoramiento en amor, ya que en realidad somos sólo unos pocos los que realmente lo logramos, este nuevo ser del montón no tardará en convertirse en una copia muy parecida a nuestro cónyuge anterior y en poco tiempo nos encontraremos en la pendiente nuevamente. Este infeliz ritual puede repetirse numerosas veces, pero la tendencia general siempre nos arrastra cuesta abajo.

Cuando uno o ambos cónyuges toman su propio camino, en su mayoría buscan aventuras. La infidelidad, una solución al problema del aburrimiento que se desarrolla en un matrimonio desde hace siglos en todas las culturas, tiene muchos defensores. El matrimonio original permanece intacto, aunque uno o ambos cónyuges busquen otro u otros escapes sexuales. Tradicionalmente, el hombre busca consuelo en otra persona mientras que la mujer se queda en el hogar cuidando a sus hijos. Pero hay muchas variaciones. La única variación que puede llegar a funcionar en algunas parejas es aquella en la que ambos le dan prioridad al matrimonio por encima de lo que cualquiera de ellos decida hacer con otra persona. Aunque en realidad, ésta variación es poco frecuente. En general, la familia y la esposa sufren mientras el marido es infiel. Es infrecuente que cualquier desviación en matrimonios longevos no traiga problemas.

En este libro les explicaremos en detalle lo que hemos aprendido tanto de nuestras experiencias personales como de observar durante años a matrimonios infelices que por diversas razones prefieren no divorciarse. Más que aconsejarlos, lo cual tradicionalmente sería intentar arreglar sus matrimonios, hemos elegido enseñarles a ambos cónyuges como trabajar en equipo para crear un matrimonio más feliz basado en una nueva teoría que denominamos la teoría de la elección.

Si ustedes leen cada uno de estos consejos juntos, disponen de buena voluntad, conversan sobre ellos e intentan poner en práctica lo aprendido en su matrimonio, deberían lograr realzar la felicidad conyugal. Estos ocho consejos pueden llegar a convertir su matrimonio en una experiencia enriquecedora. A lo largo de este libro, cada uno de ustedes aprenderá a comportarse de manera diferente a la que se comporta actualmente, y esta manera será también distinta a la manera en que se han comportado la mayoría de las parejas casadas durante miles de años. A través de nuestra experiencia, comprobamos que a pesar de que estas lecciones pueden parecerles nuevas, no son ni difíciles ni complicadas de llevar a cabo.

No obstante, lo que puede resultarles difícil es que ustedes se encontrarán con que están aprendiendo a tratarse de una manera que quizás no les parezca correcta o justa. Pero tengan en mente que lo que han estado haciendo hasta ahora y lo que les ha parecido correcto es lo que los ha llevado a esa pendiente resbaladiza junto a tantos otros del montón. A medida que vayan poniendo en práctica nuestras enseñanzas, se darán cuenta de que se están llevando mejor con su pareja que lo que lo han hecho durante mucho tiempo. Contrario a cosas como hacer dieta o ejercicio que pueden llegar a convertirse en tediosas, estos consejos son muy agradables. No hay apuro. Tómense su tiempo. Piensen en la diferencia que existe entre nuestras enseñanzas y como han estado relacionándose ustedes desde que su enamoramiento se disipó.

Finalmente, hay mucho que aprender de estos ocho consejos por lo tanto, no se desanimen. No tienen porqué aprender de inmediato todo lo que incluyen estos ocho consejos para poder sacar algún provecho de ellos. Si todo lo que aprenden es sólo el material de la primera lección, les aseguro que habrán aprendido mucho más sobre el matrimonio que lo que aprenden jamás la mayoría de las parejas que se hallan en la pendiente resbaladiza.

Los invitamos a iniciar la lectura de este pequeño libro juntos, y así comenzar a tener una idea de lo que se trata. Luego vuelvan al consejo número uno y pasen una buena cantidad de tiempo trabajando en como suprimir el control externo de su matrimonio. No hay ningún misterio. El control externo es tangible. Cada pedacito que logren extirpar les dará como resultado más felicidad matrimonial. Tengan en cuenta la cantidad de tiempo que han pasado practicando el sentirse desdichados. Aprender a ser felices juntos les tomará algo de tiempo también.

A lo largo de este libro irán conociendo una variedad de parejas casadas que les contarán sus historias. Tendrán ambas versiones a su disposición, la del esposo y la de la esposa. Las dos son totalmente sinceras ya que ninguno de los dos se enteran de lo que cuenta el otro. Cada una de estas historias expondrán problemas relacionados a los puntos señalados en los consejos que leerán más adelante. Usamos estos problemas como ejemplos a través de cada sección, para ayudarlos a entender como aplicar la información aquí presentada a cada matrimonio. A pesar de que quizás en las secciones no tratemos justo el problema específico de cada uno de los matrimonios, señalaremos la raíz del problema y ofreceremos estrategias que dichas parejas o cualquiera con problemas similares podrían utilizar. Recuerden que en este libro ustedes se ayudarán a educarse a sí mismos y a resolver sus problemas conyugales aprendiendo a cambiar las maneras en que se relacionan el uno con el otro.

"¿CÓMO PUEDO MANTENER MI CASA LIMPIA SIN LLORIQUEAR Y QUEJARME TODO EL DÍA?"
"Dios inventó la suciedad, la suciedad no lastima". Phyllis Diller declaró lo siguiente, "Limpiar la casa antes de que sus hijos terminen de crecer es como tratar de recoger la nieve de la vereda con una pala antes de que acabe de nevar". Reduzca sus expectativas y vea como reaparece su salud mental.

La historia de John y Meredith

Hola, soy John y el problema de nuestro matrimonio es Meredith. Ella es una controladora total. Me trata como si fuera su hijo. No tenemos hijos propios, quizás sea por eso. Ella necesita que la casa esté limpia todo el tiempo. Cada vez que se ensucia me echa la culpa a mí. ¿Saben lo que ha comenzado a hacer? Pone pañuelitos de papel justo al lado de mis manos mientras yo tomo el desayuno y leo el diario, los deja a la vista y listos para usar. Ella pretende que me limpie la tinta del diario que queda en mis dedos antes de levantarme de la mesa. Dice que si no me los limpio dejo huellas digitales negras por toda la casa.

Siempre busca algún defecto en mí, una arruga en mi camisa, un pelo fuera de lugar. Me está volviendo loco. No la soporto más. ¿Saben lo que hizo el otro día? Sacó toda mi ropa del ropero y se la dio a una entidad de caridad sin consultarme antes. Tiró algunas de mis prendas de vestir favoritas. Dijo que sólo estaban ahí acumulando polvo.

Yo vuelvo a casa del trabajo media hora antes de que ella llegue y me siento a mirar un poco de televisión y a comer una merienda. Vengo muerto de hambre, por lo tanto, me olvido de colocar servilletas por todos lados. Ella siempre me sorprende al llegar y me dice que estoy desordenando todo. Yo me enojo tanto que simplemente opto por callarme. Luego me pregunta como fue mi día. Yo le respondo, ¿para qué quieres saber? ¿Para decirme todo lo que hice mal?

Ella prepara la cena. Es una buena cocinera, por lo menos sé que mi comida es sana. Comemos en silencio, y en cuanto yo termino mi plato, ella se levanta, lo lleva a la cocina y lo lava antes de colocarlo en el lavaplatos. Ella va y viene tantas veces que no tenemos ni tiempo para conversar.

Nuestra vida sexual es otra historia. Si ella no está enojada conmigo por violar sus reglas de sanidad, usualmente consiente en hacerlo, pero cuando llega el momento yo ya no siento deseos. Al final del día me siento tan harto de que me domine que todo lo que deseo es irme a dormir.

Sin embargo, tiene muchos puntos a favor. Ella no era así antes de que nos casáramos. Si ella sólo lograra relajarse un poco, creo que podríamos sacar este matrimonio adelante. No sé que decirle para que cese de controlar todo lo que hago, mi único deseo es que me deje en paz.

Mi nombre es Meredith y estoy casada con John. En realidad, él es un hombre adorable y muy dulce. Su único problema es que es muy poco cuidadoso. Nunca en mi vida he conocido a alguien tan dejado. No puede comer nada sin ensuciarse. Es como si no encontrara la boca cada vez que intenta poner algo de comida en ella.

Luego están sus infernales huellas digitales. Sus manos parecen recoger suciedad en todos lados y depositarla en mi casa dejando marcas negras por todas partes. Tanto las paredes como las puertas y las alacenas están llenas de marcas negras. Me vuelvo loca siguiéndolo todo el día y limpiando detrás de él. Y ni siquiera parece darse cuenta de lo que está haciendo. No lo ve o no le importa.

A veces siento que no me ama lo suficiente como para hacer lo que le pido. No entiendo cómo su madre soportaba su persona y su desaliño. Una vez se lo pregunté y ella pareció ofenderse. No me pregunten porqué. Sólo estaba intentando ayudarlo. Quizás ella sintió que yo la estaba culpando. ¿Cómo puede una madre no haberle enseñado nunca a su hijo lo que son la limpieza y la organización? Ciertamente, yo tampoco he podido conseguir que él las aprenda. Sólo Dios sabe que sigo intentando.

Aparte de eso, tenemos una buena vida. Ambos tenemos buenos trabajos. Como punto de partida, tenemos una casa que yo he arreglado de manera que luce sumamente atractiva. Nuestras finanzas están en muy buen estado gracias a mí. Yo llevo toda la contaduría, escribo los cheques, y pago cuentas por Internet. Hasta he invertido nuestros ahorros inteligentemente para lograr construir este pequeño nido.

John es fenomenal con el dinero. Nunca gasta más de lo que ganamos, y realmente no pide nada. Él aparenta estar feliz con la pequeña suma que yo presupuesto para nuestros gastos. En ese sentido me siento bien, pero aun así pienso que él no aprecia todas las cosas que yo hago para mantener la casa limpia.

En una escala de uno a diez, clasificaría nuestra vida sexual en cuatro. Últimamente, John no parece estar tan interesado en mí como solía estarlo. No sé porqué. Yo debería ser la que está desinteresada. Le he dicho una y otra vez que yo disfrutaría más si él se diese una ducha antes de meterse a la cama conmigo. Él responde que no tiene ganas, pero luego me pide sexo oral. Me parece repugnante. No me importaría hacerlo si él se lavara antes. Hasta he llegado a ofrecerle ducharme con él y lavárselo yo misma. Pero él se enoja y me dice que yo insisto en tratarlo como si fuese un bebé. No entiendo porqué estamos teniendo tantos conflictos.

– CONSEJO UNO –

El control externo puede aniquilar un matrimonio

Luego de haber leído las historias de John y Meredith nos gustaría presentarles el primer consejo de este libro. Aunque no podemos garantizarles éxito, si aún creen que a pesar de sus muchos problemas matrimoniales, incluyendo infidelidad o quizás un par de incidentes de comportamiento abusivo, todavía les queda algo de amor en su matrimonio, lo que les aconsejaremos los ayudará. Pero lo que les expondremos demandará un esfuerzo de ambas partes. Dependiendo de como hayan elegido vivir su vida, algunos tendrán más dificultad con este material que otros. Definitivamente, Meredith no estará contenta con esta información. O sea, que tienen que ser pacientes con ustedes mismos, y el uno con el otro.

Lo que realmente aprenderán es a como tratarse, no sólo el

uno al otro, si no a toda la gente importante que tienen en su vida, y este tratamiento será diferente al que la mayoría de ustedes recibieron cuando eran niños. Lo que les resultará difícil aprender a muchos de ustedes es que, no importa cuán mal los traten los demás, no deberán devolverles con la misma moneda.

Nosotros los vemos a ustedes como personas que fueron felices juntas cuando recién se casaron, como Meredith y John, pero que ahora se hallan viviendo una relación prolongada e insatisfactoria. Como la mayoría de la gente infeliz, ambos se quejan y se culpan el uno al otro por su infelicidad conyugal, pero ninguno de los dos sabe exactamente qué fue lo que no funcionó y no tienen la menor idea de qué hacer al respecto. Han llegado a pensar en separarse o divorciarse, pero por diversas razones—hijos, dinero, familia, religión o miedo de volver a empezar solos, decidieron permanecer juntos. Quizás también piensen que la infelicidad del matrimonio es preferible a lo que vendría tras una separación.

Luego de años de enseñarles a tantas parejas formas más eficaces de relacionarse dentro del matrimonio, hemos llegado a tres conclusiones, que son las creencias esenciales de lo que enseñamos, no importa cuán infelices se sientan las parejas.

Primera: Todas las parejas que se acercan a nosotros pidiéndonos ayuda no son felices. Pero por más infelices que puedan sentirse, nosotros no creemos que haya algo averiado en ninguno de sus cerebros. Un cerebro infeliz es perfectamente capaz de crear una amplia gama de síntomas psicológicos como depresión, enojo, ansiedad, o dolor, pero eso no quiere decir que ustedes necesiten tomar medicamentos. De hecho, si uno o ambos miembros de la pareja están tomando medicamentos para tratar alguna enfermedad psicológica, el efecto adverso que éste puede estar causando en sus cerebros podría ser parte del problema.

Como psiquiatra, yo nunca he recetado medicamentos para la infelicidad, y no tengo intenciones de comenzar recomendándoselos a ustedes. Si pueden conservar en sus mentes esta primera creencia, que son infelices pero también capaces de aprender a ser mucho más felices, entonces estamos en el camino correcto.

Segunda: Cuando nos hallamos en un matrimonio infeliz, casi siempre culpamos a nuestra pareja por la infelicidad que sentimos. El culpar al otro no hace más que intensificar la infelicidad. No hablemos de culpas. El problema que ustedes tienen no es nuevo ni es culpa suya. Como Meredith y John, se trata de cómo eligieron relacionarse el uno con el otro dentro de su matrimonio. Esencialmente, de cómo se relacionan todos las parejas infelices que, como uno más del montón, transitan esa pendiente resbaladiza.

Tercera: Ambas partes están utilizando esa psicología mundial que nosotros denominamos control externo. La llamamos psicología mundial ya que casi todos los seres humanos se casan, y cuando confrontan dificultades en el matrimonio, emplean esta psicología. El uso de esta psicología, es la fuente principal de la infelicidad conyugal. Es también la fuente principal de toda infelicidad humana, pero en este libro nos enfocaremos en ustedes y sus matrimonios.

Nosotros denominamos a esta destructiva psicología control externo, ya que al usarla, el esposo (elemento externo de su esposa) intenta controlar a su esposa, y la esposa (elemento externo de su esposo) también intenta controlar a su esposo, de la misma manera que Meredith está intentando controlar a John. Los síntomas que uno o ambos de ustedes están sufriendo como por ejemplo, depresión, ansiedad, enojo, y miedo, están siendo causados por el intento fallido de querer controlar al otro, el intento fallido de querer escapar del control del otro, y en muchas instancias, ambas cosas a la misma vez.

Aunque el **control externo** es la fuente principal de toda infelicidad matrimonial, estamos casi seguros que muy poca gente en el mundo tiene idea de cuán dañina es esta psicología para sus relaciones. Comencemos por explicar que la psicología es una forma muy común de relacionarse. Hay muchas psicologías que empleamos cuando nos encontramos llevándonos bien el uno con el otro, como la psicología del cariño y respaldo que denominamos amor. O la psicología del cariño y aliento que impregna la relación entre un maestro y un alumno inmersos en un aprendizaje exitoso.

El control externo es una psicología las personas que la utilizan siempre creen que saben lo que es apropiado para los otros, por eso se sienten obligados a empujar a los otros a comportarse de la manera que ellos piensan. Esta psicología de controlar a la otra persona está tan aceptada universalmente que casi toda la gente casada en cualquier cultura de esta Tierra la usa en cuanto el enamoramiento se disipa. Es ahí donde comienza el juego de intentar controlar al otro o escapar del control del otro. Cuanto menos exitosos son, más difícil se hace el matrimonio y más compulsivamente utilizan esta psicología.

Aunque el matrimonio permanezca unido, todo el amor y hasta la amistad comienzan a agotarse. A pesar de que millones de personas casadas creen firmemente en el control externo, éste no posee un lado positivo. Indiscriminadamente, daña todo matrimonio que lo emplea.

Más adelante en este libro, explicaremos porqué todo el mundo usa el control externo, pero ahora lo que queremos es alertarlos para que lo entiendan y vayan reconociendo las maneras en que ustedes lo utilizan en su matrimonio. También explicaremos posteriormente que ésta es una psicología exclusivamente humana; ninguna otra criatura la usa.

Archie Bunker es el epítome del control externo, ridiculizando reiteradamente a su yerno, quién está tratando de vivir sin ese control. La guerra entre la gente que usa el control externo y aquellos que se resisten se transforma en la esencia de lo que llamamos drama, comedia y tragedia al mismo tiempo. Si la gente se llevara bien, habría más estilos de humor creativo, como las historias contadas por Mark Twain, las cuáles provocarían explosiones de risa.

Recuerde si alguna vez en su vida usted le pidió a su esposa que hiciera algo que ella no deseaba hacer. Seguramente ella lo hizo alegremente la primera vez que se lo pidió. Pero luego, usted siguió insistiendo, y la buena voluntad de ella acabó derivando en una acalorada discusión. Por supuesto, que si usted la hubiese amenazado con daño físico o mental, ella hubiese cedido. Pero no lo hubiera hecho de buena gana. Si esto hubiese continuado, seguramente la relación entre ustedes hubiera terminado dañándose y eventualmente destruyéndose.

Si el uso del control externo ha llegado a la violencia física o emocional, quiere decir que usted seriamente necesita ayuda. Si usted está siendo abusado, repórtelo inmediatamente a alguien que pueda ayudarlo. Su necesidad básica de amparo y supervivencia está siendo violada en esta relación abusiva. Actúe ya. Comuníquese con la línea de violencia doméstica llamando al siguiente número: 1-800-978-3600.

El control externo es una plaga dentro de nuestra sociedad. Sin embargo, continúa utilizándose en el matrimonio ya que todos los que lo ejercen piensan que tienen razón. La cómica parodia de esta regla de oro es que *Él que posee el oro elabora las reglas.* El control externo se ha llevado las vidas de por lo menos un billón de gente en el siglo XX, y está comenzando a hacerlo de manera eficaz en el siglo XXI también.

Usted podrá creer firmemente en el control externo y ser experto en su utilización, pero no tiene porqué optar usarlo en su matrimonio. Por lo tanto, la pregunta específica para esta sección es: **Si su pareja está tratando de controlarlo continuamente, ¿qué puede usted hacer para ayudar a su matrimonio?**. Díganse el uno al otro lo que honestamente piensan. Esto es lo que John y Meredith hicieron, y les está comenzando a funcionar.

Por favor, no sigan adelante en su lectura hasta que hayan logrado conversar sobre esta pregunta. Como ocurre con muchas preguntas en este libro, no siempre hay respuestas correctas. Algunas ideas son mucho más eficaces que otras. Pero una vez que hayan respondido a estas preguntas, ustedes descubrirán las respuestas por su cuenta, de acuerdo a cómo se sientan con respecto a su matrimonio.

"¿POR QUÉ SIEMPRE ES MI CULPA?"
¡QUIZÁS DESPUÉS DE TODO ES TU CULPA! Si caminas como un pato, suenas como un pato y te ves como un pato, ¡quizás seas un pato! Al contrario de la opinión popular, es posible equivocarse constantemente. La mayoría de la gente ha aprendido a evadir su responsabilidad culpando a otra persona o cosa por problemas que sólo pueden arreglar ellos mismos. Pruebe adjudicarse la culpa alguna vez, y analice lo que sucede.

La historia de Tom y Janet

Desde que conozco a Tom, él siempre me ha dicho lo que tengo que hacer. Tal parece que no cree que tengo una mente propia. Me monitorea constantemente. Observa todo lo que hago para asegurarse de que lo estoy haciendo a su manera. La forma en que lo hace es interesante. Por ejemplo, me pide que vaya a la ferretería y traiga algo muy simple, como un rastrillo para el jardín, o que vaya al supermercado y traiga un melón dulce. Si yo le hago preguntas, él me explica en detalle lo que quiere y yo cuidadosamente sigo sus instrucciones al pie de la letra.

Pero en cuanto llego a casa y él ve lo que compré, invariablemente me dice que me equivoqué. Con Tom nunca doy en el clavo. No es que él sea malo, pero me trata como si yo fuese una tonta incompetente e insiste en hacerme acordar de los errores que cometí. Pase lo que pase, él no se equivoca nunca y yo no acierto jamás.

Luego viene la cuestión del dinero. Tenemos de sobra, pero compre lo que compre, él siempre dice que yo gasto demasiado. Hasta cuando he sido cuidadosa y me he comprado algo para mí con mi propio dinero, lo cual nada tiene que ver con él, igual repara que tengo algo nuevo puesto y me pregunta donde lo compré, si lo necesitaba, cuanto me costó, y luego procede a decirme lo que no le gusta.

Ocurre lo mismo con nuestros hijos. Esto viene sucediendo desde que son chicos. Ahora son adultos y tienen hijos propios. Ellos me llaman y me mantienen al día sobre sus actividades, pero cuando yo le transmito a Tom lo que me contaron, él me dice que no deberían haberlo hecho de esa forma. Él quiere que yo lo consulte sobre todas las decisiones que ellos toman en sus vidas privadas. Esta situación ha empeorado tanto, que me encuentro pidiéndole a mis hijos que no me cuenten más nada ya que si él me pregunta, me veré obligada a escuchar su versión de lo que yo debería haberles dicho. Él es tan mandón que nuestra hija menor ya no puede soportar hablar con él. ¿Por qué no dejará de entrometerse en asuntos ajenos?

Yo sufro de muchos dolores y él es realmente muy atento conmigo, quiere involucrarse en mis problemas de salud. Siempre sabe lo que necesito y se asegura de que yo siga las instrucciones del doctor al pie de la letra. Si yo no me siento bien, su respuesta es invariablemente la misma, que yo trato de abarcar demasiadas cosas y que debería dejarlo a él hacer algunas de ellas ya que podría ejecutarlas mucho mejor que yo. No es que no me quiera. Me ama demasiado y quiere hacerlo todo por mí. Él no está contento a menos que esté a cargo de todo y de todos.

Francamente, ya no sé que hacer. Cuando él trabajaba, estaba a cargo de una compañía muy grande. Utilizaba la mayor parte de su energía indicándoles a sus empleados lo que debían hacer. Pero ahora que se jubiló, pasa la mayoría de su tiempo tratando de dirigirme a mí y a todos nuestros conocidos hasta en los detalles más pequeños. Nuestros amigos piensan que es gracioso pero yo no, ya que tengo que convivir con él a diario.

No me malentiendan, yo lo amo. Es un buen hombre en muchas cosas, pero me está volviendo loca. A veces me hace enojar tanto que me dan ganas de gritar. De vez en cuando le grito, y me trata como si hubiese cometido un delito grave. Me castiga con su silencio y me ignora durante un par de días hasta que para de rumiar sobre lo que le hice. Estoy segura de que cuando tengo uno de esos estallidos con él lo hiero, pero en cuanto vuelve a hablarme, comienza la misma historia otra vez.

❋

Janet y yo estamos juntos desde que íbamos a la escuela secundaria. Ella me cautivó desde un principio. Janet asistió a la universidad durante dos años, y en cuanto yo recibí mi licenciatura en negocios nos casamos. Básicamente, éramos un par de niños que no sabíamos nada. Yo tuve que hacerme cargo de todo. Comencé a manejar el pequeño negocio que me dejó mi padre y logré hacerlo crecer hasta lo que es hoy. Trabajamos muy duro, criamos tres niños y ahora estamos estupendamente bien.

Ésta debería ser la época más feliz de nuestras vidas, pero últimamente Janet parece estar desmoronándose. Nada de lo que ella hace es adecuado. No se siente bien de salud, sufre de muchos dolores, y sin embargo, no quiere que la ayude. Yo estoy más que dispuesto a hacerme cargo de todo, pero cuanto más trato, menos coopera conmigo.

La semana pasada me gritó que me fuese de su cocina. Me dijo que estaba harta de que yo siempre estuviese ahí en el medio, interrumpiéndola. Sin embargo, yo soy muy bueno en la cocina. La limpio mejor que ella. No saben lo desagradable que se pone conmigo. Me hace enfadar tanto que termino callándome por completo para no decirle algo de lo que luego pueda arrepentirme. Y ella se enoja conmigo porque yo me callo. No se puede ganar con esta mujer. Pareciera que todo lo que trato de hacer para ayudarla la irrita.

Cuando miro hacia atrás y recuerdo lo bien que lo pasamos juntos durante tantos años, me cuesta aceptar que hayamos terminado así. Ella anda abatida por la casa todo el día cuando lo que deberíamos estar haciendo es disfrutar. Una o dos veces por semana se va por la mañana temprano con alguna amiga y no vuelve a casa hasta la hora de cenar.

Yo le pregunto adonde diablos ha estado todo el día y porqué no me avisó cuando pensaba retornar a casa. Siempre le pido que se asegure de tener su celular prendido, pero me dice que se olvida y eso es todo lo que puedo sacar de ella. Una vez la sorprendí removiendo paquetes del auto a escondidas. Odio cuando no me dice lo que está haciendo. No me malentiendan. Ella puede ir dondequiera en cualquier momento y comprar todo lo que necesite, sólo desearía un poco de cortesía de parte de ella. Actúa como si a mí no me incumbiera lo que hace. ¿Porqué no se parecerá más a la persona que era cuando nos casamos?

– CONSEJO DOS –

Elegimos nuestro comportamiento

Casi todo esposo o esposa a los que les hemos preguntado a quien pueden controlar, nos han respondido: **"Yo no soy el que comienza, pero ella me molesta y me hace enfadar. ¿Qué otra cosa puedo hacer?".**

En esta sección, aprenderán cuál es la respuesta de la teoría de la elección a la siguiente pregunta: "¿A quién pueden controlar?".

Ustedes dos pueden elegir reemplazar el control externo que están utilizando ahora por un comportamiento mucho más eficaz que es el de **la teoría de la elección.** Dado que ustedes ya conocen sobre el control externo, lo que aprenderán en este capítulo es aparentemente simple: cada uno de nosotros elegimos absolutamente todo lo que hacemos. Esto significa que si ustedes eligen utilizar principalmente el comportamiento relacionado al control externo, esa es una elección suya, pero deben recordar que también tienen a su disposición una mejor opción. La teoría de la elección que les proponemos en este capítulo y en el resto del libro es el reemplazo del control externo que están utilizando actualmente. Para comenzar, nos gustaría que conocieran el siguiente lema de la teoría de la elección: **Todo lo que hacemos desde que nacemos hasta que morimos es comportarnos, y el comportamiento se elige.**

Esto significa, sin excepción, que todo pensamiento y acción física, incluyendo la expresión de sus caras, los gestos que hacen con sus manos y cada tono e inflexión de sus voces, son una elección. Cuando su esposa lo critica, ella elige hacerlo. Cuando usted comienza a discutir con ella por ello, también elige hacerlo. Ella podría elegir no criticarlo y usted podría elegir no discutir con ella. Aunque éstas no parezcan elecciones, nadie los puede obligar a hacer nada, los dos eligen hacer lo que hacen, y ambos piensan que lo que hicieron fue lo correcto.

Tom, y especialmente Janet, creen que el comportamiento del otro es lo que los está controlando. La realidad es que nadie puede controlarlos a menos que ustedes lo permitan. La teoría de la elección explica lo que realmente está ocurriendo entre ellos. Ambos necesitan aprender que pueden reemplazar el control externo que están utilizando en la actualidad, y que es terriblemente dañino para su relación, por la teoría de la elección. Esta teoría explica en detalle cómo llevarse mejor con su cónyuge, pero también se la recomendamos para que la utilicen con cada una de las relaciones importantes de su vida.

La teoría de la elección está constituida de cuatro componentes importantes. En esta sección y las próximas tres que le siguen, les explicaremos en detalle cada uno de estos componentes. Empezaremos con el primero: las **Cinco Necesidades Básicas**. Denominamos básicas a estas necesidades porque se hallan codificadas dentro de nuestra estructura genética. Cualquier tipo de comportamiento que elegimos desde que nacemos hasta que morimos está motivado por una o más de estas necesidades básicas. Cuando satisfacemos una necesidad, sentimos placer. Cuando tratamos de satisfacer una necesidad pero fracasamos, sentimos dolor.

Comenzamos a aprender a satisfacer nuestras necesidades cuando nacemos. Al llorar, nuestra madre se da cuenta de que necesitamos comida, consuelo y amor. Luego, iremos descubriendo como satisfacer el resto de nuestras necesidades. Cuando triunfamos, generalmente nos sentimos contentos.

Las cinco necesidades básicas son la Supervivencia, el Amor y el Pertenecer, la Libertad, la Diversión, y el Poder. La supervivencia, esencialmente la comida, el amparo, y la seguridad, que casi siempre se hallan disponibles para la mayoría de la gente en nuestra sociedad, es una necesidad por la cual no nos preocupamos demasiado diariamente. Pero la supervivencia contiene otro aspecto importante que generalmente conduce al matrimonio ya que, al igual que los mamíferos, estamos genéticamente motivados a mantener la supervivencia de nuestra especie entablando comportamientos reproductivos. Sin embargo, la mayoría de los humanos hemos aprendido que el sexo puede también disfrutarse sin la necesidad de procrear.

Aunque no nos demos cuenta, gran parte de nuestra motivación sexual como por ejemplo, el enamoramiento, está propulsada tanto por la necesidad de supervivencia de nuestra especie como por amor. Muchas veces nos cansamos del mismo compañero sexual porque la necesidad de la supervivencia de la especie nos empuja a desparramar genes a nuestro alrededor lo más extensamente posible.

La combinación del amor y del pertenecer no son solamente necesidades humanas, se hallan también presentes en otros mamíferos. Todas las especies están genéticamente impulsadas a procrear y cuidar de sus descendientes. Pero en la raza humana, el amor y el pertenecer pueden durar una vida entera, a medida que vamos aprendiendo a disfrutar del amor de la familia y de la amistad profunda asociada al sentimiento de pertenecer. Básicamente, nos necesitamos el uno al otro; las relaciones están impulsadas por la necesidad de amar y pertenecer, pero nos llevaríamos mejor si estuviésemos libres de las otras necesidades como por ejemplo, libertad, diversión, y especialmente, el poder. Probablemente, Tom y Janet se amen, pero ese amor está siendo desafiado constantemente por la necesidad que ambos tienen de libertad, y especialmente, de poder. Es esta necesidad de poder la que causa tanta fricción en el matrimonio de Tom y Janet.

La libertad es una necesidad más fácil de satisfacer para otros mamíferos que no llegan a desarrollar vínculos matrimoniales a largo plazo ni obligaciones familiares como nos sucede a nosotros. Janet lucha, sin vencer, pero satisface su necesidad de libertad escapándose un par de veces por semana durante todo el día y regresando a la noche, ante los ojos controladores de Tom.

Los vínculos matrimoniales duraderos tienden a ser más firmes en las mujeres ya que tradicionalmente ellas han estado más involucradas en la crianza de los hijos que los hombres. Creemos que la evidencia que respalda esta conclusión es válida: Hay más hombres que mujeres que abandonan a sus parejas e hijos. La evidencia es obvia en el caso de Janet que ha permanecido con Tom todos estos años, aun cuando sus hijos ya son adultos.

La diversión, que nosotros entendemos como el disfrutar de aprender algo provechoso, a veces nos distancia de nuestras parejas y familia. Pero la diversión también puede ser algo que una estrechamente las relaciones familiares ya que hay familias enteras que participan en el aprendizaje de ciertas cosas juntos, ya sea como espectadores o partícipes. Por lo tanto, aunque la diversión pueda causar divisiones, como frecuentemente se ve en las feroces batallas que se llevan a cabo entre marido y mujer jugando a los naipes, nosotros pensamos que la diversión es compatible con el matrimonio y la familia.

El poder es una necesidad únicamente humana. Los animales pueden pelearse durante el tiempo de apareamiento para lograr así transmitir sus genes; pueden matar o comerse a otro animal para defender su territorio. Pero no se pelean porque creen que ellos tienen razón y los otros no, como lo hacemos nosotros los humanos y como consistentemente lo hacen Tom y Janet. Exceptuando la supervivencia, a ellos les cuesta satisfacer todas sus necesidades, en especial su necesidad de poder. Aún les queda aprender cómo satisfacer la necesidad de poder sin quitarle el poder al otro. Como sus costumbres se hallan fuertemente arraigadas luego de tantos años de matrimonio, es posible que este problema no llegue a resolverse nunca. A menos que uno u otro aprenda lo que estamos tratando de explicarles, su matrimonio continuará así para siempre. Propulsadas por la necesidad de poder, una innumerable cantidad de parejas amplían el control externo hacia todas las partes de su vida.

Esas parejas entablan una batalla conyugal diaria, ya que la guerra implica un esfuerzo humano único. Hemos matado más de un billón de personas en hostilidades durante el siglo veinte, y estamos comenzando este siglo estrenduosamente.

Como usted y su pareja están leyendo este libro juntos para aprender a llevarse mejor el uno con el otro, quizás ya hayan tomado conciencia de que **el control externo no está en sus genes, sino que es un comportamiento elegido, no una necesidad**. No tienen porqué utilizarlo en su matrimonio. Aunque este comportamiento provenga de nuestra necesidad de poder, **es algo aprendido**. Aunque la mayoría de la gente en este mundo lo utiliza cuando tiene dificultades con otra gente, esto no significa que las parejas casadas no puedan elegir otro comportamiento para reemplazar el uso del control externo.

Las necesidades básicas tienen mucho que ver con la compatibilidad matrimonial. Por ejemplo, las parejas que comparten una gran necesidad de amor y poca necesidad de poder tienden a ser más felices. Las parejas que comparten una gran necesidad de poder y poca necesidad de amor pasarán más tiempo discutiendo sobre quién está a cargo y quién tiene la razón. Como Tom y Janet, no son compatibles a largo plazo, a pesar de haber comenzado su relación con una enorme atracción el uno por el otro. El viejo dicho "los opuestos se atraen", funciona para el enamoramiento y es fantástico para procrear, pero es desastroso para el matrimonio.

Le hemos enseñado a mucha gente lo que estamos tratando de enseñarles a ustedes en este libro, y esas personas se sienten mucho más felices después de haber escuchado estos consejos. Les aconsejamos a usted y a su pareja que no sólo lean estos consejos. Revísenlos uno por uno cuidadosamente y piensen cómo podrían ponerlos en práctica en su relación.

Ya que sólo pueden controlar su propio comportamiento y ese comportamiento está siendo controlado por las necesidades que ustedes tienen, la pregunta que les deja esta sección es: **¿Cuán compatible es la manera en que usted está intentando satisfacer sus necesidades básicas comparada con la manera en que su pareja intenta satisfacer las suyas?**

"MI MARIDO DISFRUTA SUBESTIMANDO A LA GENTE. SU DICHO FAVORITO ES, '¡CUALQUIERA PODRÍA HACER ESO!' "

Como dijo Bern Williams, "Un amigo puede ser muchas cosas, pero no un crítico". Él debe recordar, "No subestime, destile grandeza", y ayude a que los demás se sientan competentes. Intente conseguirle un álbum de Don Rickles y vea si él se reconoce.

La historia de Dan y Karen

Mi nombre es Karen y estoy casada con la persona que mejor utiliza el arte de subestimar en la faz de la Tierra. Antes de casarnos, Dan y yo estábamos tan enamorados que hasta nos escribíamos poemas el uno al otro. Menciono esto porque la manera en que nos relacionamos hoy en día es exactamente opuesta a la de aquel entonces. Siempre supe que Dan era chistoso, constantemente le hacía bromas a la gente, pero nunca lo tomé como algo serio. En aquel momento me parecía muy gracioso, pero ahora siento su rutina como algo anticuado y extremadamente retrógrado.

Dan es como un niño. En cuanto algo no le funciona en la vida como él quiere, hasta en lo más simple, por ejemplo, cuando él pierde un juego de golf como ocurrió el otro día, vuelve a casa de mal humor y pelea conmigo. Se queja de que es culpa mía. Dice que lo hice trasnochar visitando amigos el día anterior, o lo que sea, pero siempre acaba encontrando una razón para poder echarme la culpa por sus fracasos.

Me subestima constantemente. Es como si él necesitara burlarse de mí para sentirse mejor. Todo lo que sé es que estoy harta de su mal talante y de sus comentarios mordaces. Al final del día me siento tan disgustada por su negatividad que lo único que quiero es irme a dormir, pero él insiste en tener sexo, y yo termino cediendo para que me deje tranquila. Mientras tenemos sexo, él no emite ni una palabra. Una vez, mientras íbamos en auto a nuestra aburrida vacación anual, no me habló durante todo el viaje, el cual nos tomó un par de días.

Yo tengo la sospecha de que él está teniendo una aventura con alguien. Recibe llamadas en su celular y se va a hablar afuera. Si esto realmente es lo que está sucediendo, se termina todo aquí. Si hay algo que no voy a tolerar es la infidelidad.

Simplemente no entiendo. Ha cambiado tanto su manera de ser. En ciertas ocasiones intercambiamos algunas palabras en serio, pero él no quiere admitir que nada malo está sucediendo entre nosotros. Simplemente se burla de mí diciéndome que me tomo todo demasiado en serio. ¿Porqué no tomo todo con más liviandad? Lo haría, pero las cosas que me dice haciéndose el gracioso realmente me hieren. Cuando le digo cuanto me lastimó, siempre me contesta que sólo estaba bromeando. A veces no me dice nada, simplemente comienza a reírse de mí, y yo me pregunto qué hice para que se burle así. Desearía tanto que pudiésemos volver a ser como antes o descubrir qué fue lo que hicimos para terminar así.

*

Yo soy Dan, el marido de Karen. Bromeo muchísimo, simplemente soy así. Antes de que nos casáramos a ella le gustaba esto. Soy el mismo de siempre, pero ahora ella se ofende por todo lo que yo digo. Ha perdido totalmente su sentido del humor. Se altera cada vez que yo trato de divertirme. Se las pasa retándome como si yo fuese un niño, diciéndome que la ofendí o que estoy ofendiendo a otra gente. Realmente, se ha transformado en una terrible aguafiestas. Nos divertíamos mucho juntos. Ella siempre estaba lista para cualquier cosa que yo quisiera hacer. Demostraba mucho entusiasmo por mis cosas.

Cuando recién nos casamos, íbamos a jugar al golf. Ella parecía muy entusiasmada. Ahora dice que la aburre. Aún lo hacemos, y también vamos a buenísimos lugares, ¿pero son lo suficientemente buenos para ella? De ninguna manera. Supongo que quiere algo más. No tengo idea de lo que quiere. Nunca expresa lo que desea hacer. Me imagino que lo que pretende es que le lea la mente. Odio eso.

Ella se enoja conmigo constantemente y la mitad de las veces ni siquiera sé que fue lo que le hice. Luego me ignora durante días. Estoy harto de su malhumor. Vive en una crisis emocional constante. No puedo predecir, de un día para el otro, lo que la hará estallar. La vida con ella es totalmente impredecible.

Siento que siempre encuentra algo por lo cual culparme, por lo tanto, últimamente, cuando estoy con ella, me callo. Aunque también me trae problemas el quedarme callado. Les juro que no encuentro manera de complacer a esta mujer excepto en la cama. Aún le gusta tener sexo conmigo, nunca me dice que no, a menos que, según ella, me haya portado mal. No esconde esto como si fuera un secreto. Puedo leerlo en su cara.

A veces desearía que hiciese un esfuerzo por comprenderme mejor. No soy tan complicado. Todo lo que quiero es reírme. ¿Qué tiene de malo eso? Cada vez que le tomo el pelo a alguien actúa como si yo hubiese cometido un crimen. Mi deseo es que actúe con más liviandad y que me deje en paz. Podríamos divertirnos mucho, como solíamos hacerlo, si ella sólo lograse aceptarme como soy.

– CONSEJO TRES –

Jamás utilicen los siete hábitos mortales

Los siete hábitos mortales conforman el comportamiento relacionado al control externo que usted y su esposa han estado usando más y más a medida que su matrimonio se desbarranca cuesta abajo. El primer hábito y el que consideramos el más mortal de todos es la **crítica**. Intente escucharse a sí mismo cuando discute y verá cuan crítico es. Las comedias sobre las rutinas matrimoniales son como una sinfonía orquestada basada en este hábito.

Luego de la crítica viene el **culpar**. Los diálogos matrimoniales entre parejas infelices están llenos de culpa. El que acusa nunca tiene la culpa; esta es siempre del otro. Generalmente, uno de los dos critica, el otro culpa, y ambos se **quejan**. Dan y Karen son maestros de todos estos hábitos y aun de algunos más. Cada vez que uno se burla de alguien, ésto se percibe como una crítica y puede fácilmente escalar a una discusión. Luego, si la discusión continúa, uno de los dos comienza a **estorbar**; el otro comienza a **amenazar**, lo cual conduce al **castigo** y luego al **soborno**. Es muy común que los siete hábitos mortales aparezcan en una única discusión. Obviamente, hay más de siete hábitos, pero si usted puede remover los siguientes siete: criticar, culpar, quejarse, estorbar, amenazar, castigar y sobornar, su matrimonio mejorará significativamente.

Si Dan y Karen, quienes están muy familiarizados con los siete hábitos mortales, desean mejorar su relación, deben aprender cómo reemplazarlos. Estos siete hábitos pueden reemplazarse por siete hábitos cariñosos relacionados con la teoría de la elección.

El primero es **apoyar**. Cuando ustedes son compasivos con su pareja, le transmiten cosas como: "Mi amor, no seas tan dura contigo misma. Cometiste un pequeño error. Pero ya lo vamos a arreglar. Mantengámonos unidos y encontremos alguna solución. ¿De acuerdo?". Las parejas que se apoyan cuando viven momentos difíciles construyen una relación que puede durar toda una vida. Siempre recuerden que se tienen el uno al otro.

El próximo hábito cariñoso es **alentar**. Ustedes se sienten alentados por su pareja cuando escuchan elogios como "¡Qué buen trabajo hiciste!" De esa manera se convierten en admiradores mutuos. Ustedes le hacen saber a su pareja que la apoyan a todo nivel. Las parejas que se alientan sienten una seguridad que los ayuda a triunfar en todos los aspectos de sus vidas.

Escuchar es el tercer hábito cariñoso. De todos los hábitos cariñosos, el de escuchar es el más reclamado y el menos otorgado. Si ustedes desean ayudarse el uno al otro a sentir que satisfacen su necesidad de poder, escuchen lo que el otro les dice sin evaluar lo que escuchan. Escuchen con atención lo que su pareja les está transmitiendo y traten de entender de verdad, haciendo preguntas como "¿Podrías darme más información para poder entender lo que me estás diciendo?" No siempre estarán de acuerdo con lo que escuchan, pero si ambos sienten que están siendo escuchados, se sentirán más unidos.

El cuarto hábito es **aceptar**. Éste se da cuando su pareja finalmente llega a ver como es usted en la realidad, lo cual quizás muchas veces no sea el cuadro más bonito, y así y todo, él o ella logran decir, "Yo te amo como eres en este momento". En una relación, esa es la esencia de la aceptación. Ustedes aceptan las imperfecciones del otro y confían que están haciendo lo mejor que pueden en ese momento. Todos tenemos momentos de excelencia en los cuales brillamos. Traten de reconocer esos momentos en el otro, así como logran aceptar el hecho de que nadie es perfecto, y reafirmarán el lazo que los une.

El quinto hábito cariñoso es **confiar**. Éste es muy importante. Confiar en otra persona nunca es fácil. Todos hemos confiado en alguien alguna vez en la vida que ha quebrado nuestra confianza, que nos ha rechazado, traicionado y lastimado. En el matrimonio, la confianza es compromiso: es el alma y el corazón del amor. La mejor manera de ganarse la confianza del otro es demostrándole que usted es confiable. Díganse la verdad siempre que puedan hacerlo sin lastimarse.

Exprésenle al otro que le tienen confianza, ya que sin esa afirmación se sentirán totalmente solos. La confianza une a una pareja que se ama.

El hábito cariñoso que más escasea en todos los matrimonios infelices es el **respeto**. Si tuviesen que hablar sobre su matrimonio, ¿cómo clasificarían el respeto mutuo? Se ha escrito mucho sobre la autoestima, pero nuestra pregunta es, ¿como estiman a su pareja? Encuentren las cosas que verdaderamente respetan en el otro y enfóquense en ellas. Díganle a su pareja lo que respetan de él o ella. Si ustedes realmente sienten respeto, deberían actuar siempre con respeto. Si pierden el respeto, todo está perdido.

Hay un séptimo hábito cariñoso extremadamente importante: **negociar las diferencias**. Las diferencias surgen hasta en los mejores matrimonios. Cuando ustedes negocian, están renunciando a algo para conseguir algo. Esto no es soborno. Cuando negocian, ambos dan y reciben honestamente. Es como comprar una casa. El dueño pide doscientos mil dólares, y usted le ofrece ciento cincuenta mil. Él le rebaja veinticinco mil. Usted sube veinticinco mil. Terminan negociando en ciento setenta y cinco mil dólares.

Si cada parte es inflexible, la negociación no funcionará. Deberíamos agregar la **inflexibilidad** a los siete hábitos mortales. Una posición inflexible puede ser, en primer lugar, la posible causa de todos sus problemas.

Pero cuando utilicen los hábitos cariñosos, deben cuidar de no introducir el control externo en la negociación. Por ejemplo, ustedes leen esta sección y le dicen a su pareja que realmente piensan que la crítica está dañando su matrimonio. Su pareja concuerda y le pregunta: **¿Qué piensas hacer al respecto?.** Usted le dice que quiere parar de criticar. Su pareja le dice algo así: **"Supongo que esperas que yo haga lo mismo, ¿no?".**

Esto suena justo y hasta quizás razonable, pero igual deben actuar con cuidado. Si desean mantenerse en el camino de la teoría de la elección, ustedes deberían decir: "Creo que la crítica está dañando nuestro matrimonio, por lo tanto, **yo pienso parar de hacerlo aunque tú no lo hagas**. Puedo elegir controlar mi propio comportamiento, pero no intentaré controlar el tuyo. Pienso que si no te digo lo que tienes que hacer podemos llegar a tener un mejor matrimonio".

Ésta es también una negociación, pero es un tipo especial de teoría. La teoría de la elección enseña que en una discusión fácilmente se puede dar algo durante un rato aunque no se reciba nada a cambio. Es como tirar un poco de pan al agua mientras pesca.

Si usted aprende a negociar de esta manera, notará claramente la diferencia entre la teoría de la elección y el control externo, especialmente si ambos miembros de la pareja aprenden a dar en vez de recibir. Si usted se empeña en sorprender a su pareja con este tipo de negociación de vez en cuando, ambos sentirán cuánto los acerca la teoría de la elección.

El control externo puede parecerles correcto a Dan y Karen en el momento que lo utilizan, pero les causa estragos a la felicidad de ambos. Recuerden que están genéticamente programados para recibir la cuota de amor y pertenencia que necesitan. Cuando hacen algo que hiere a alguien que necesitan, ustedes sufren. Si Dan y Karen, o cualquier otra pareja, se animasen a comenzar a utilizar estos hábitos cariñosos sin sarcasmo en sus conversaciones, seguramente se hallarían dándole una vuelta de tuerca a su matrimonio.

La pregunta que ambos deben debatir en esta sección es: **¿En cuál hábito cariñoso necesitamos trabajar primero para poder llevarnos mejor?.**

"CREO QUE TENER UN BEBÉ ES UN ASUNTO PRIVADO, PERO MI ESPOSO NECESITA HACER UNA SUPER-PRODUCCIÓN DE ÉSTO, ¡COMO SI FUESE SPIELBERG!"
Hecho: los límites y la privacidad son importantes en las familias. El proverbio irlandés dice: "Los espectáculos más lindos son: un jardín de papas floreciendo, un barco navegando y una mujer luego de haber dado luz a un hijo". Este momento es para experimentarlo, no para producir una ceremonia memorable. Dígale que usted realmente desea que participe en el parto, pero sólo si logra traspasar el detector de metales.

La historia de Mark y Rachel

Quiero iniciar una familia más que nada en este mundo. Deseo un bebé desde que cumplí treinta años. Supongo que mi reloj biológico, como lo llaman, ha estado marcando la hora desde hace ya cinco años. Mark dice que tenemos mucho tiempo para pensar en eso. Pero hace siete años que estamos casados y siento que llegó la hora. No quiero esperar más.

Tenemos una casita que pagamos en cómodas cuotas, lo cual significa que yo podría dejar mi trabajo y ambos lograríamos vivir sólo del sueldo de Mark. Estaríamos algo ajustados al principio, hasta que a Mark le den una promoción, pero estoy convencida de que podríamos hacerlo. El único problema es que Mark no está de acuerdo conmigo. Él quiere esperar un año más para comenzar a hablar de este tema.

Cuando salimos con otras parejas que tienen niños me pongo tan celosa que se me arruina la velada. Mark me pregunta qué es lo que me sucede, y yo sólo tengo una respuesta, quiero tener un bebé. No creo poder soportar esta situación demasiado tiempo más. Estoy obsesionada con esto. Es en lo único que pienso día y noche. Voy al centro comercial a hacer compras y me siento atraída a las vidrieras que exponen ropa y parafernalia de bebés. La mercadería luce tan linda que quiero llevarme todo lo que veo.

Sueño despierta con el nombre que elegiría para el bebé. Hasta llegué a comprar en secreto un libro de nombres. Si es una niña, la llamaría Juliet o Elizabeth, como mi abuela. Si es un niño, lo llamaría Trevor, simplemente porque me gusta ese nombre.

A veces me enojo con Mark porque él es muy testarudo. Sabe perfectamente lo mucho que yo deseo un bebé. ¿Por qué no me lo da? Es todo lo que le pido. Le ruego que cambie de opinión y él siempre me dice, Rachel, no empieces con eso otra vez. Así que aquí estoy jugando a esperar. Me duele que le importe tan poco lo que yo deseo. Hemos sido muy felices juntos, pero este tema está empezando a afectar nuestra relación. Me encanta estar casada con Mark, pero si no puedo conseguir que haga esto por mí, no sé qué voy a hacer. Nuestros puntos de vista son tan diferentes. Me gustaría poder expresarle cuán profundo es lo que siento. Pero cuando lo intento, él se aísla. Me encantaría poder convencerlo de iniciar una familia ahora, antes de que yo envejezca.

Para un hombre esto es fácil. Pueden iniciar una familia en cualquier momento, pero para mí es diferente. No puedo dejarlo pasar, este sentimiento se intensifica más y más cada día. Me siento frustrada ya que desearía que Mark compartiese ésto conmigo, y me duele tener que presionarlo.

Rachel me está volviendo loco. No cede nunca. Últimamente, es que el bebé esto y el bebé aquello hasta que nuestra habilidad de conversar de otra cosa que no sea el tema del bebé se hace imposible. No me malentiendan. Algún día me gustaría tener una familia, pero no ahora. Ella insiste en decirme, Vamos Mark, ¿porqué no? Por favor. Le he dado muchas razones válidas. Principalmente, aún no me siento listo para ese tipo de responsabilidad. Todavía somos jóvenes. Tenemos la libertad de ir a cualquier lado y hacer lo que sea. Además, me gustaría poder tener algunos ahorros antes de que ella deje su trabajo. Ella dice que volvería a trabajar, pero conozco a Rachel. Una vez que el bebé este aquí, sé que ella se quedará permanentemente en casa.

A mí no me importaría que ella se quede en casa con el bebé cuando podamos darnos ese lujo. Tenemos una hipoteca que debemos pagar, y aún no me han dado la promoción importante que estoy esperando. Cuando esto ocurra, y estoy seguro de que ocurrirá, estaré más que dispuesto a conversar con ella sobre este tema. Cree que a mí no me importa ella lo suficiente como para darle lo que quiere. Pero eso no es justo. Claro que me importa. Si no me importase el bienestar de mi familia, incluyendo al niño, no actuaría tan cuidadosamente. Ella sabe que yo quiero ser un buen padre algún día. Lo hablamos inclusive antes de casarnos.

Pero ella no parece entender lo que yo necesito. Aparentemente, le importa más tener un bebé que lo que le importo yo. Estoy comenzando a molestarme, y sé que ella está resentida conmigo. Una noche hasta llegó a llamarme un idiota egoísta. Nunca me había dicho algo semejante. Hemos sido tan felices juntos. Tengo miedo de que ese niño se convierta en una interferencia entre nosotros. Hasta ahora, yo era el primero en su lista. Estoy seguro que eso cambiará cuando nazca el niño. Resulta que ahora soy un idiota egoísta.

Parece que lo que yo deseo y lo que ella quiere son cosas completamente opuestas, y no sé como arreglarlo. Todo lo que quiero es un poco más de tiempo. ¿Cómo puede ser que ella no entienda?

– CONSEJO CUATRO –

Conozca el mundo interior de su pareja

Para que ustedes entiendan lo que viene ocurriendo en sus cerebros desde que su matrimonio comenzó a desbarrancarse, debemos explicarles el siguiente concepto sobre la teoría de la elección, los **Mundos de Calidad**. Ustedes recordarán que al principio de este libro, les dijimos que les enseñaríamos como salvar su matrimonio si aparentemente aún quedaba algo de amor entre ustedes. Cuando les dijimos esto, teníamos la esperanza de que ambos aún tuvieran un pequeño retrato del otro en su mundo interior, un retrato que no tendrían si no se amasen. Ciertas personas son un componente muy importante en nuestros Mundos de Calidad y las necesitamos para autosatisfacernos.

Se lo explicaremos. En nuestros cerebros, donde almacenamos todo nuestro conocimiento, creamos un pequeño simulacro del mundo en el cual nos gustaría vivir. Lo llamamos nuestro Mundo de Calidad. Comenzamos a crear estos mundos únicos poco después de nacer, y continuamos creándolos, sacando y poniendo retratos en nuestros cerebros durante el resto de nuestras vidas. Estos mundos, **creados en base a nuestras experiencias más placenteras**, están formados por la gente que más nos agrada, las imágenes y cosas que más disfrutamos, y los sistemas de creencias que gobiernan nuestras vidas.

Necesitamos entender que éste no es ni un mundo moral ni un mundo de dietas y ejercicio. Es un mundo de bienestar basado en nuestros sentimientos más placenteros, pero justamente porque está basado en el placer, puede convertirse en algo muy destructivo para el matrimonio. Hay retratos relativamente pequeños en sus Mundos de Calidad que pueden llegar a convertirse en algo gigante dentro de su matrimonio, en especial si no comprenden exactamente que son.

Por ejemplo, su marido no es un alcohólico, pero le gusta tomarse una o dos copas de buen vino mientras cena todas las noches. Tomarse esas dos copas es un retrato muy importante en el Mundo de Calidad de él. A usted no le gusta tener vino en su casa y mucho menos en su mesa, por lo tanto, usted no para de mortificarlo con el asunto del vino. Los hábitos mortales están vivos y coleando en su matrimonio cuando se trata del vino.

A través de este ejemplo, estamos tratando de explicarles el impacto que tienen en la compatibilidad de su matrimonio esos Mundos de Calidad tan diferentes. Suponemos que después de años de vivir un matrimonio infeliz, deben haber muchas diferencias entre el Mundo de Calidad suyo y el de su pareja. La única manera que tienen de ser exitosos es utilizando los hábitos cariñosos, y especialmente, aprendiendo a negociar las diferencias. En el dilema de Mark y Rachel, sus Mundos de Calidad son tan diferentes, que ellos están teniendo conflictos.

La única manera que cualquiera de nosotros, incluyendo a Mark y Rachel, puede cambiar uno de los retratos de su Mundo de Calidad es reemplazándolo por otro que los satisfaga más. Para Rachel esto sería extremadamente difícil ya que sus genes la están impulsando a tener un bebé. Aunque si Mark pudiese poner una foto de él mismo en su Mundo de Calidad en este momento como un padre de familia casado y feliz, se solucionarían todos los conflictos. Pero si él no logra hacerlo, éste podría convertirse en un momento decisivo en su matrimonio. Si ellos no pueden negociar esta diferencia, quizás no hallen nunca la felicidad. Pero si pueden aprender cuán importantes son los retratos del Mundo de Calidad de cada uno, tendrán la oportunidad de superar sus problemas. Lo que necesitan hacer es hablar sobre la incompatibilidad de los retratos que ambos tienen en sus Mundos de Calidad y tratar de decidir qué estaría dispuesto a cambiar cada uno.

En el caso de la pareja con el problema del vino, tendrán que decidir juntos si el retrato más importante en los Mundos de Calidad de ambos, **la foto de ellos dos felizmente casados**, tiene prioridad sobre lo que cada uno de ellos individualmente desea. Si los dos concuerdan, deberían entonces tratar de negociar por menos vino. Pero deben tener cuidado de no tratar de negociar por nada de vino porque eso no funcionará.

Enfóquense en el lado positivo. Han estado sintiéndose infelices en su matrimonio durante mucho tiempo, pero se han puesto de acuerdo en leer este libro juntos. Si logran introducir la información que les dimos en estas secciones en ambos Mundos de Calidad, sin duda alguna podrá mejorar su matrimonio. Continuemos entonces examinando más en detalle sus Mundos de Calidad.

Los primeros retratos que colocamos en nuestro Mundo de Calidad son aquellos de gente que amamos y con las que disfrutamos. Para muchos de nosotros, éste sería el retrato de nuestra madre. La mantendremos allí como una memoria placentera hasta mucho después de que ella se haya ido. Luego vienen los otros retratos tempranos de padres, tías, tíos, hermanos y hermanas, seguidos de hijos y nietos.

Otra parte muy importante en nuestros Mundos de Calidad es la de nuestros viejos y queridos amigos, ya que lo que los hace buenos amigos es que raramente tratan de controlarnos. Nunca conservamos a nadie que haya tratado de controlarnos en nuestros Mundos de Calidad, aunque hacemos una excepción especial con miembros cercanos de nuestra familia, ya sea padres y ocasionalmente abuelos. Pero ni ellos son sacrosantos. Si se vuelven demasiado controladores, terminaremos eliminándolos o colocándolos en un rincón oscuro, fuera de nuestra vista y oído.

Principalmente, la gente que colocamos en nuestros Mundos de Calidad es gente que piensa y actúa bastante parecido a nosotros. Pero deben tener en cuenta una trampa sexual que existe. Los polos opuestos generalmente se atraen sexualmente, pero esta atracción está basada en la presunción del control externo: **A través de mi amor, él o ella cambiarán y se convertirán en la persona que yo deseo tener en mi Mundo de Calidad.** Si esa presunción es trasladada a un matrimonio, lo más probable es que ese matrimonio no sea feliz.

Pero ese tipo de matrimonios casi nunca se dan ya que una o ambas partes utilizan el amor para tratar de controlar al otro, y ese control rápidamente destruye la atracción inicial. Cuando las personas célebres, que piensan que están por encima de todo el mundo, se casan e inmediatamente se divorcian, es generalmente porque les ocurre lo que acabamos de mencionar. Tan pronto como uno u otro se niega a cambiar lo que el otro quiere de él o ella, la razón para permanecer casados desaparece. Estos matrimonios son como gansos que ponen huevos de oro para que los abogados de divorcios los recojan.

Recuerden que toleramos más control externo de los miembros de nuestra familia que habitan dentro de nuestro Mundo de Calidad porque estamos genéticamente relacionados, por ejemplo, nuestra madre, padre y demás familiares. Pero esa tolerancia genética no se extiende a las personas con quienes nos casamos. Nuestra atracción inicial es sexual, pero cuando ese sentimiento decrece, como inevitablemente sucede, no hay un eslabón genético que conserve a esa persona en nuestros

Mundos de Calidad. La única manera de conservar a nuestras parejas en nuestros Mundos de Calidad es creando una relación que sea satisfactoria para ambos.

Toleramos una gran cantidad de control externo de gente que necesitamos para poder sobrevivir, como por ejemplo nuestros jefes, ya que ellos son nuestro sustento básico. Los estudiantes colocan a sus grandes maestros no controladores en sus Mundos de Calidad. Algunos estudiantes, en su mayoría del género masculino y con cerebros totalmente normales, se niegan a prestar atención en la escuela si se les enseña con un sistema muy controlador que les disguste.

Muchos de ellos son diagnosticados con ADHD y se les recetan medicamentos que alteran el cerebro como el Ritalin, el cual tiene efectos a largo plazo que recién ahora se están descubriendo. Estos mismos niños algún día crecerán y se convertirán en los maridos y padres cuyos problemas matrimoniales deberemos tratar. Enseñándoles la teoría de la elección ahora, podríamos ayudarlos a encontrar la felicidad que necesitan para convertirse en buenos compañeros el día de mañana.

Éste es un problema importante en la mayoría de las escuelas que podría ser fácil de solucionar si se le enseñase a los maestros cómo utilizar la teoría de la elección. En las escuelas en las cuales se utiliza esta teoría, no se manifiesta el diagnóstico de ADHD. Los estudiantes están contentos, trabajan dedicadamente y son exitosos. A los maestros les va mejor en sus matrimonios que a la mayoría de los otros maestros, lo cual consideramos un beneficio residual de la teoría de la elección.

Las cosas u objetos son una parte menos importante en nuestros Mundos de Calidad que la gente, pero como en el ejemplo previo relacionado con el vino, pueden también tener su importancia. Generalmente, el Mundo de Calidad contiene cosas como las posesiones preciadas de cada uno, y cosas que pueden serles importantes sin pertenecerles, como por ejemplo una playa hermosa o un museo maravilloso.

Pero aquí nuevamente nos enfrentamos a un tema importante: la compatibilidad. Si uno de los dos coloca su casa en su Mundo de Calidad y trabaja para decorarla hermosamente y mantenerla impecable mientras que el otro es un descuidado, como ocurre en la pieza teatral de Neil Simon, *The Odd Couple*, su matrimonio se hallará ante un gran desafío. Como la compatibilidad depende de las parejas y de cómo logran compartir las partes más importantes de sus Mundos de Calidad, sería bueno que se tomen algo de tiempo y conversen con su pareja sobre las incompatibilidades de sus posesiones. Intentar amoldarlas es algo que realmente vale la pena hacer.

Las adicciones que una o ambas partes de las parejas colocan en sus Mundos de Calidad se clasifican como otro tipo de comportamiento y son usualmente desastrosas para un matrimonio. Las drogas adictivas como el alcohol o el tabaco y los comportamientos adictivos como el juego pueden destruir un matrimonio.

Los problemas de adicción usualmente requieren de ayuda profesional. Las parejas quizás no puedan ayudarse en este respecto, pero si pueden conversar sobre el problema, tomar la decisión de buscar ayuda y respaldarse mientras buscan ayuda.

Las adicciones son complicadas y van más allá de este libro. Pero es obvio de que hay tantos adictos infelices en el matrimonio, que aprender a llevarse bien entre ustedes es el mejor tratamiento que pueden planear para cualquier comportamiento adictivo. Las buenas relaciones pueden ayudar al adicto a recuperarse y evitar recaídas.

El tercer componente en sus Mundos de Calidad encierra sistemas de creencias. Si sus creencias políticas o religiosas son muy diferentes, se verán en problemas. Si sus creencias de cómo gastar el dinero son incompatibles, también tendrán problemas. Pero si ustedes pueden conservarse el uno al otro dentro de sus Mundos de Calidad leyendo este libro, quizás puedan resolver sus diferencias hablando amigablemente, sin necesidad de empujarse a cambiar.

Están leyendo este libro juntos para descubrir si pueden hacer algo más que eliminar el control externo del matrimonio. También están tratando de descubrir si existen suficientes cualidades en su relación para poder construir ese Mundo de Calidad que precisan para crear un matrimonio feliz. Pero si creen que pueden recuperar el enamoramiento una vez que éste desapareció, se sentirán muy desilusionados. Sin embargo, el lado positivo es que sí pueden crear algo mucho mejor y duradero. También pueden volver a examinar su Mundo de Calidad y quizás descubrir al otro en algún lugar dentro de ese mundo. Y luego terminar de construir ese pequeño retrato sumándole nuevas experiencias positivas que puedan compartir juntos.

La pregunta sobre la que pueden conversar antes de pasar a la siguiente sección es: **¿Qué es lo que necesitan negociar para que sus Mundos de Calidad sean más compatibles?.**

"¿DE VERAS NECESITO TODAS ESAS PASTILLAS?"

Es muy probable que no. Pero muchos creen que si una pastilla es buena, ¡dos deben ser el doble de buenas! Quince millones (y la cifra sigue en aumento) de personas son adictos a medicamentos que se venden por receta. Consulte con su médico, y hasta busque una segunda opiníon, sobre lo que usted está tomando.

La historia de Ron y Beverly

Mi esposa Beverly es una hipocondríaca. Nómbrele el medicamento que sea, ella lo tiene. No pasa un día en que no se queje de que le duele algo. Cuando nos sentamos a mirar televisión yo noto que pasan un aviso detrás de otro relacionados a consultas que deberíamos hacerle a nuestro doctor sobre medicamentos para enfermedades que jamás había oído nombrar. Y de hecho, al día siguiente, Beverly piensa que ella es una de esas víctimas. No puedo escuchar más sus quejas.

Lo peor es que ella utiliza estos síntomas cada vez que no quiere hacer algo que yo deseo hacer. Por ejemplo, tener sexo, siempre tiene una excusa. Ella supera hasta el clásico "No puedo mi amor, me duele la cabeza".

Tomemos como ejemplo nuestra última vacación. Ella se la arruinó a todos. Tomamos un crucero de ensueño con otra pareja, gente que realmente nos cae muy bien. Ella permaneció la mayoría del tiempo en el camarote sintiéndose mareada, hasta cuando nos hallábamos anclados en algún puerto. Tuve que hacer todo por mi cuenta. Ella se disculpaba ante todo el mundo y claro, todos lamentábamos que se sintiese mal. Se perdió un crucero maravilloso. Desearía tanto saber qué es lo que le sucede. No creo que realmente esté enferma, pero si simplemente se lo insinúo, ella se pone furiosa.

No sé qué hacer con ella. Trato de ser comprensivo, pero eso parece empeorar todo. Ella ha visitado a todos los médicos de la ciudad, y aparentemente, nunca le encuentran nada. Uno de ellos le insinuó que viera a un terapeuta. Pero ella lo tomó como un insulto tan grande que nunca volvió a su consultorio.

Ustedes se preguntarán porqué me quedo a su lado, pues ella es una mujer muy bella que, a pesar de todas sus quejas, le presta mucha atención a su apariencia. La verdad es que me siento poderosamente atraído hacia ella, y a veces, cuando está de buen humor, tenemos excelente sexo. Tengo la esperanza de que comience a enfocarse más en cuánto la quiero, en lugar de siempre sentir que está enferma o a punto de estarlo.

No sé lo que quiere de la vida, pero nunca parece estar satisfecha. Tiene un trabajo que hace fantásticamente bien, pero éste no le parece lo suficiente como para sentirse feliz. Yo le digo que con la educación que tiene podría trabajar en cualquier lado, pero el hecho es que la gente con quien trabaja ahora le aguanta sus frecuentes ausencias por enfermedad, ya que de alguna manera, ella siempre logra cumplir con su trabajo y lo hace muy competentemente. Yo diría que es una perfeccionista. Y eso quizás la esté desgastando. Ella se esfuerza mucho. Ojalá pusiera todo ese esfuerzo en nosotros.

Yo soy Beverly y estoy casada con Ron. Él se cree el Señor Personalidad, el que siempre la pasa bien. Actúa como si estuviese interesadísimo en las vidas de otra gente, aunque su principal interés en la vida es su propia persona. Su meta es hacerle creer a todo el mundo que él es el amigo que han estado buscando ávidamente y que finalmente encontraron.

Ron es como el hombre de paja en *El mago de Oz*. Simplemente, en él no hay sustancia, y tiene cero conciencia de cómo es realmente. Todo lo que le interesa son las apariencias. Si yo luzco bien, eso es suficiente. Lo que ocurre es que yo a veces no me siento bien, y él es incapaz de comprender ésto. Todo lo que le importa es gratificarse a él mismo. La gente sólo existe para darle placer a él.

Yo trato de lucir lo mejor que puedo todo el tiempo, hasta cuando no tengo ganas. Aunque me sienta mal, como me sucede a veces, lo encubro con maquillaje. Voy a trabajar. Vuelvo a casa. Intento ser una buena esposa para este hombre que no tiene ni un indicio de lo que yo necesito para que mi vida tenga sentido.

Siento que aunque lo intente una y otra vez, no llego a ningún lado. Mi trabajo es un callejón sin salida, pero Ron dice que si no estoy contenta debería buscar otra cosa. Probablemente tenga razón. Él actúa como si le importara, pero yo sé que me trata como al resto de la gente, con una falsa preocupación. Si a él realmente le importara mi persona, no le daría tanta atención al resto de la gente y a todo lo demás. Actuaría como si mi vida fuese verdaderamente importante para él. Me escucharía.

De vez en cuando lo hace y eso realmente me excita. Cuando me hace el amor, siento que es el único momento en que merezco su estima. Supongo que a cierto nivel y a su manera, que es sin duda bastante superficial, él me quiere. Yo también lo quiero a él. Eso nos mantiene juntos. Sólo desearía sentirme más feliz. Desearía que ambos fuéramos más felices.

– CONSEJO CINCO –

Comprendan el comportamiento total

Hasta ahora han aprendido la diferencia entre el control externo y la teoría de la elección. También han aprendido cosas sobre sus necesidades básicas y sus Mundos de Calidad. Creemos que ya se encuentran listos para aprender otro componente de la teoría de la elección, el **Comportamiento Total**. Éste es un componente corto y fácil de explicar. Si ustedes se esfuerzan por entenderlo, podrán ponerlo en funcionamiento en su matrimonio. Comprender el concepto del Comportamiento Total los ayudará a aprender a relacionarse el uno con el otro de una manera más satisfactoria.

Ron y Beverly son un matrimonio muy infeliz. Tienden a pensar únicamente en sus sentimientos, tanto físicos como emocionales. A medida que su matrimonio va tornándose cada vez más infeliz, se quejan más y más entre ellos y le expresan a cualquiera que esté dispuesto a escucharlos lo desgraciados que se sienten. El problema con ese tipo de quejas es que, luego de un corto período de tiempo, ya nadie más quiere escucharlas. Paulatinamente, ambos comienzan a pensar que nadie los quiere, en especial sus propias parejas.

La triste verdad con respecto a estas quejas y sentimientos que las acompañan es que, a medida que continúan, a la gente le importa cada vez menos. Llegan hasta a preguntarles que si se sienten tan afectados, ¿porqué no hacen algo al respecto? Pero la verdad es que ustedes no saben qué hacer. No se dan cuenta que enfocarse tanto en sus propios sentimientos arruina su matrimonio. Ron y Beverly podrían aprender a concentrarse en como **actúan y piensan**, y elegir actuar y pensar de maneras que los hagan sentirse mejor.

Lo que enseñaremos en esta sección que podría ayudar a Ron y Beverly es que todo **comportamiento suma un Comportamiento Total**. Por ejemplo, lo que ustedes están haciendo en este momento que es leer este libro, es un Comportamiento Total llamado lectura. Ese Comportamiento Total está compuesto de cuatro partes separadas: **pensamiento, actuación, sentimiento y fisiología.**

Mientras leen, se encuentran pensando en lo que están leyendo. Al mismo tiempo, están **actuando** mientras recorren las frases de un extremo al otro de la página. Si disfrutan de lo que están leyendo, pueden llegar a **sentirse** tan bien que se emocionan, su ritmo cardíaco se acelera, y ésto involucra su **fi-**

siología. Estos cuatro componentes ocurren todos al mismo tiempo; por eso se denominan Comportamiento Total.

Si ustedes estuviesen leyendo algo con lo que no pueden relacionarse, **pensarían**, ¿porqué estoy leyendo este libro? Actuarían prestándole poca atención a lo que están leyendo. Se sentirían descontentos, se aburrirían y se adormecerían. Cuando ésto sucede, su **fisiología** se ve involucrada y su ritmo cardíaco y respiración se hacen más lentas.

Lo que es importante saber sobre el Comportamiento Total es que ustedes tienen **control voluntario** sobre su manera de **pensar** y de **actuar**. Si, como Ron y Beverly, ustedes se **sienten** mal y se quejan constantemente, continuarán sintiéndose mal o peor al no tener un control directo sobre sus **sentimientos** o **fisiología**. No encontrarán manera de mejorar su matrimonio a menos que usted y su pareja **piensen** y **actúen** con el fin de reemplazar el control externo que están utilizando por la teoría de la elección.

Imagínense a sí mismos como dos vehículos de cuatro ruedas en una ruta muy transitada. El motor es la necesidad básica. El volante controla las ruedas delanteras, que son las que **actúan y piensan**. Las ruedas traseras, que también trasladan al auto, son **sentimiento y fisiología**, pero deben seguir a las delanteras. Si ustedes son un matrimonio infeliz y utilizan mucho el control externo, las ruedas delanteras, actuando y pensando, los dirigirán a tratar de controlar a su pareja. Si no tienen éxito controlando a su pareja y consiguiendo lo que desean, se **sentirán** infelices, hasta enfermos, mientras las ruedas traseras siguen andando, en estado de desdicha.

Beverly está procurando ser perfecta, y durante ese proceso va enfermándose, ya que no puede triunfar. Nadie es perfecto. Ella culpa a Ron, que también está lejos de ser perfecto, en lugar de dilucidar cómo tomar nuevamente las riendas de su vida y la de ambos y actuar para lograr un cambio.

Si ustedes desean sentirse mejor y tener una **fisiología** más saludable, pueden conducir las ruedas delanteras, **pensar y actuar**, hacia un matrimonio basado en la teoría de la elección. Como las ruedas traseras deben seguir a las delanteras, ustedes se **sentirán** mejor y su **fisiología** será más saludable.

Cuando ustedes han sido infelices durante mucho tiempo, como usted y su pareja lo han sido, lo que quizás hayan hecho es girar el auto y tratar de liderarlo con las ruedas traseras. De esa manera se encuentran intentando sentirse mejor sin un control eficaz sobre sus pensamientos o su manera de actuar. Con esa forma de conducir tan imprudente, lo más probable es que tengan un accidente. Para ambos, el final de ese matrimonio infeliz es el accidente.

Esto es lo que provocan cuando se vuelven adictos a algo. Toman o juegan para sentirse mejor sin ninguna consideración por cuán desastrosa puede tornarse esa adicción para las personas que ustedes aprecian, haciendo que la vida se les vaya fuera de control.

En un matrimonio feliz, en el cual se comprende el Comportamiento Total, en cuanto ambos miembros comenzaran a sentirse infelices, se dirían el uno al otro, "Debemos tratar de no enfocarnos más en lo mal que nos sentimos y empezar a cambiar la manera en que estamos pensando y actuando". Podrían recordarse el uno al otro lo del auto y ofrecerse ayuda mutuamente para conducirlo en una dirección más satisfactoria.

Esto puede parecerles demasiado simple y difícil de creer cuando se hallan en un estado de mucha infelicidad, pero funciona. Piensen en su matrimonio como un vehículo empantanado en el barro a causa de un resbalón que los tiró fuera de la ruta. Si tratan de salir haciendo girar las ruedas traseras, no tendrán tracción y se hundirán más profundamente en el barro. Deben ayudarse el uno al otro a salir de este pantano desenterrándose con pensamientos y acciones más eficaces y luego conduciendo sus vidas cuidadosamente hacia una ruta más segura como la teoría de la elección.

En el caso de Ron y Beverly, podemos ver cómo ambos se enfocan en la fisiología de Beverly y en los sentimientos negativos que sienten el uno hacia el otro. Lo acertado sería que ellos pudiesen hablar sobre ésto y encontrar la forma de pasar más tiempo llevando a cabo actividades que ambos puedan disfrutar juntos. Necesitan descubrir maneras de reírse y jugar juntos para desconectarse de lo mal que se sienten. Aparentemente, es fácil para nosotros decirles ésto y difícil para ustedes llevar a cabo alguna acción cuando en realidad se hallan empantanados en el barro. Pero nada es fácil en un matrimonio desdichado.

Las ruedas traseras de Beverly controlan al matrimonio, y las ruedas delanteras de Ron la siguen. Ninguno de los dos está utilizando el comportamiento que pertenece a las ruedas delanteras. Vuelvan a leer este capítulo y visualicen la manera en que este auto está afectando a su matrimonio con su comportamiento exclusivo. Recuerden, la dirección que tomarán sus matrimonios es elección de ustedes. Imaginen cómo pueden llegar a enfocarse en pensar y actuar, y no en sus sentimientos y su fisiología.

Les sugerimos que piensen en algo nuevo para hacer juntos. Pueden idear un plan para mejorar su matrimonio. La cuestión es hacer algo, cualquier cosa, simplemente, diviértanse juntos.

Ésta es una sección corta pero muy importante. Mucha gente casada se estanca en los siete hábitos mortales del control externo, con todos los sentimientos de desdicha que éstos traen. No se dan cuenta de que pueden volver a encaminar su matrimonio a través de la teoría de la elección.

El factor clave para la analogía del auto es ir siempre hacia adelante. Mantengan sus ojos en la ruta. Ocasionalmente, miren en el espejo retrovisor y vean que hay detrás suyo, pero no hagan hincapié en un pasado infeliz demasiado tiempo. Esto puede causar un serio accidente, lleno de resentimiento y venganza. Enfóquense en lo que pueden hacer en esa ruta que se encuentra adelante suyo.

En esta sección, su tarea es debatir con el otro lo que acaban de leer y luego responder a esta pregunta con toda honestidad: **¿Cuáles son las ruedas que controlan a nuestro matrimonio, las delanteras o las traseras?.**

Una relación es muy parecida a un sube y baja. Si su pareja es muy optimista, usted probablemente sea un cascarrabias. A medida que usted vaya saliendo del barro, la visión de ella cambiará. Usted necesita quitar la palabra "NO" de su vocabulario cada vez que su esposa le pida que haga algo. Camine con ella por el lado soleado de la calle.

La historia de Amanda y Sam

Sam, mi esposo, se pasa gran parte de su vida en el sofá. Vuelve del trabajo, toma una soda, prende el televisor y se queda tirado en el sofá el resto de la noche. Él hace ésto diariamente, su única actividad es cambiar de canal. Él es tan aburrido que ha tomado el mismo desayuno todos los días desde antes de que nos casáramos. Es así de predecible las veinticuatro horas de los siete días de la semana. Yo podría fijar cada uno de sus pequeños rituales por el reloj.

Él se levanta todas las mañanas, agarra el diario, come su cereal con una mano, mientras con la otra mantiene el diario alzado leyéndolo, de la misma manera, día tras día. Nunca manifiesta una opinión sobre lo que está leyendo. Lee como si todos los fragmentos del diario dijesen lo mismo.

Si salimos, no me consulta nunca sobre nada, lo planea como si fuese algo que yo deseo hacer y pretende que me gusta. Si alguna vez le sugiero algo, me escucha y luego me dice que no, que quizás la próxima vez. Definitivamente, él no es ni flexible ni innovador.

Constantemente, le manifiesto que estoy aburrida, pero él me repite, ¿qué es lo que quieres de mí? Él dice que yo lo culpo todo el tiempo por aburrirme, entonces, ¿porqué no hago algo al respecto? Yo le respondo que quiero hacer algo con él que yo tenga ganas de hacer. Él me dice, ¿pero qué? Y honestamente no lo sé. No puedo pensar en nada que quiera hacer con él.

Bueno, quizás haya algo. Me gustaría tomar clases de baile de salón con él, pero las posibilidades de que ésto ocurra son remotas, no existen. Ni siquiera me tomaría el trabajo de pedírselo. Sé que no lo haría.

Tenemos una hijastra de su primer matrimonio. Ella es una chica dócil comparada a otros adolescentes. Sólo desearía que Sam se interesara más por su hija. Ella necesita su atención, pero él me difiere toda su responsabilidad. Esto me molesta porque siento pena por ella. Estoy intentando que ella no interfiera en nuestra relación, pero me gustaría que él cooperara más.

Mis amigos me dicen que él es un buen hombre y que yo debería apreciar el hecho de que jamás se queja de nuestra vida. Él no bebe, fuma o juega, es un buen proveedor y definitivamente no me es infiel. Le encanta viajar cuando tenemos vacaciones, y planea hasta el último detalle. Ese es uno de los puntos culminantes de nuestro matrimonio. Afortunadamente, él tiene un mes de vacaciones todos los años, y siempre está dispuesto a gastar su dinero para conocer lugares interesantes. Pero luego retornamos a casa, a la misma vieja y aburrida rutina.

Desearía que él fuese más creativo, pero mis amigos me dicen, que de acuerdo a sus experiencias, un hombre creativo e innovador no es siempre el mejor marido. Mi viejo y querido Sam. Supongo que estoy atascada con él y su forma de ser. No cambiará nunca.

Amanda es mi segunda esposa. Aún no comprendo porqué mi primera esposa se divorció de mí, pero Amanda es la esposa que siempre quise. Tomó a la hija que tengo de mi primer matrimonio y le dio un verdadero hogar. Sé que ésto es difícil para ella, y a veces, mi hija que es una adolescente, interfiere en nuestra relación. Mi hija siempre me empuja a tomar el lado de ella cuando tiene un problema con Amanda. Yo simplemente la ignoro. No sé qué más hacer. Amanda es muy paciente con ella. No me malentiendan. Ella tiene sus fallas, pero no es una chiflada como mi esposa anterior, que además era evasiva y se la pasaba siempre metida en elgún lío.

Admito que Amanda es muy paciente conmigo. Eso es lo que me gustó de ella desde el principio. Vuelvo del trabajo muy cansado, tengo una serie de pequeñas rutinas, y ella me deja mi espacio. Pero últimamente parece levemente irritada conmigo. Me dice que está aburrida. No entiendo porqué. Nos tomamos unas lindas vacaciones todos los años.

El problema es que ella no tiene intereses propios que la mantengan ocupada, quizás debería aprender a tejer o a moldear cerámica. Vimos mucho de eso en nuestras últimas vacaciones, y tenemos suficiente espacio en nuestra casa para un telar, un torno o un horno para cerámica. Si ella no puede encontrar nada que le interese, supongo que tendrá que seguir aburriéndose. Ese es su problema.

Ella sabía que yo no era un ser ardiente cuando se casó conmigo. No es que yo tergiversé mi imagen. Ella quería un hombre estable, de confianza, y lo tiene. Yo haría cualquier cosa por ella, dentro de lo razonable. Espero poder satisfacerla. No quisiera perderla.

– CONSEJO SEIS –

Un poco de creatividad puede salvar su matrimonio

Todos somos creativos. Por ejemplo, ¿alguno de ustedes alguna vez fue insultado por alguien que le importa mucho? Seguramente se debatieron por responder algo ingenioso en defensa propia, pero no se les ocurrió nada. Horas más tarde, cuando pensaron que habían olvidado el incidente, se les ocurrió la respuesta perfecta. Aunque esto sucedió demasiado tarde, igualmente los hizo sentir bien. Hasta quizás la compartieron con alguien que conocen y recibieron un halago.

Esto revela la creatividad inherente que reside en nuestros cerebros. Sus cerebros se encontraban trabajando por su cuenta imaginando el insulto, tratando de concebir algo ingenioso. Cuando finalmente lo lograron, tanto ustedes como sus cerebros se sintieron satisfechos. La creatividad es impredecible, pero pensamos que está siempre en actividad. Definitivamente, se activa cuando dormimos, brindándonos sueños tan creativos que nos sorprenden. Yo soy un hombre que sueña con ganarse un premio de la Academia de Cine.

Hace varios años tuve un sueño que aún recuerdo. Cuando yo duermo, mi auto queda estacionado justo arriba de donde vivo, a un costado, en una entrada para autos. Esa noche soñé que enviaba mi auto por correo electrónico a mi garaje. En ese tiempo ni siquiera utilizaba correo electrónico, y jamás he tenido garaje. Mi auto es parte de mi Mundo de Calidad, por lo tanto, cuando entré al garaje y no encontré mi auto en ese sueño, me sentí defraudado. Vi un pequeño tubo con una tapa, la destornillé y cayeron tres tornillos herrumbrosos. Y de golpe me di cuenta de que todo lo que quedaba de mi auto eran esos tornillos.

Cuando me desperté y subí arriba a recoger el diario, me sentí muy aliviado al ver a mi auto en la entrada y no perdido en el espacio cibernético. Seguramente si hiciésemos un concurso de sueños, ustedes recordarían alguno similar.

Como consejeros, hemos oído historias de muchos matrimonios, y siempre nos ha sorprendido lo poco creativos que son la mayoría de ellos. Generalmente, acusan a sus parejas, diciendo que si él o ella cambiasen el matrimonio sería mejor. Pero nosotros, en lugar de escuchar sus historias matrimoniales repetitivas y aburridas, lo que estamos intentando hacer es enseñarles a ambas partes nuevas formas de comportamientos, y urgiéndolos a que las pongan en práctica en su matrimonio de una manera creativa.

Sam y Amanda se culpan mutuamente por su propia infelicidad. Sam no se da cuenta del papel inactivo que juega en su matrimonio. Amanda piensa que Sam debería hacer algo para aliviar su aburrimiento. Lo que ambos no entienden es que ninguno de los dos está utilizando la creatividad que tienen latente en sus cerebros y que su matrimonio continuará así hasta que uno o ambos hagan un esfuerzo para utilizar algo de esa creatividad.

Lo más creativo que ustedes podrían hacer, y que seguramente sorprendería a sus parejas, es decirles: "No creo que nuestra infelicidad sea culpa tuya. Me gustaría hacer algo contigo que ambos disfrutemos para ayudar a revivir nuestro matrimonio". A través de nuestra experiencia, podemos decir que es maravilloso como cada miembro de la pareja, cuando son abordados de esta forma, encuentran algo que les gustaría hacer juntos, como por ejemplo, clases de fotografía o cocina. Cuando utilizan este tipo de aproximación, la diferencia es enorme, y es algo muy simple de hacer.

El problema de Sam y Amanda es que ninguno de los dos está tomando la iniciativa de ayudar creativamente a la pareja. Sam pretende que Amanda tome lecciones de baile de salón por su cuenta, cuando en realidad lo que ella desea es tomarlas con él. El baile de salón puede no interesarle a él, pero eso no quiere decir que juntos no puedan pensar en algo que les divierta a ambos y que puedan hacer regularmente, aparte de tomarse unas vacaciones al año.

Divertirse es la recompensa genética que deja el aprender

algo nuevo y útil. Multiplicado por dos, puede producir el doble de diversión y animar un matrimonio aburrido. Si Sam y Amanda hacen ésto, sus mentes, que en este momento se encuentran cerradas, pueden llegar a abrirse e iniciar un diálogo agradable.

Si usted y su pareja tienen un matrimonio realmente aburrido, seguramente los diálogos agradables han sido pocos y distanciados. Por lo tanto, y basado en el hecho de que ustedes sólo pueden controlar su parte de la conversación, intenten por todos los medios no utilizar ninguno de los hábitos mortales mientras hablan de las cosas nuevas que les gustaría hacer.

Lo que estamos tratando de transmitirles es que no caminen más por ese suelo viejo por el que han transitado millones de veces anteriormente. No les estamos asegurando que una nueva idea vaya a ayudar a su matrimonio a transformarse en algo súpercreativo, pero al menos lo sentirán como algo fresco y solidario. Tendrán que esforzarse, pero todo esfuerzo que hagan por probar algo nuevo que no sea controlar a su pareja, nutrirá su relación. Sea lo que sea que decidan hacer juntos, tengan en mente que cualquier palabra o acción que remueva los hábitos mortales e introduzca los hábitos cariñosos en su matrimonio provocará una enorme mejora en su relación.

Revisémoslos: los hábitos mortales son criticar, culpar, quejarse, estorbar, amenazar, castigar y sobornar o recompensar el control. Paren de utilizarlos. En cambio, cuando se embarquen en nuevas aventuras juntos, utilicen los hábitos cariñosos: apoyar, alentar, escuchar, aceptar, confiar, respetar y negociar sus diferencias. Si ustedes tienen éxito ejecutando aunque sea un poquito de todo ésto, lo verán como algo nuevo en su matrimonio, y esta novedad en sí misma se transformará en creatividad.

El aburrimiento hace que una relación que funciona cordialmente se estanque. No tenemos más sugerencias en detalle, pero traten de evitarlo en su matrimonio tan seguido como puedan. Una buena definición del aburrimiento es comportarse de la misma manera que lo han hecho siempre y esperar resultados emocionantes. Ya que la cortesía en un matrimonio infeliz no existe, prueben la versión abreviada de nuestra regla de oro. Traten a su pareja como a él o a ella le gustaría ser tratado, aunque él o ella no lo hagan con usted. Por ejemplo, pueden comenzar por eliminar la blasfemia de su vocabulario matrimonial, o si son personas más bien formales, quizás necesiten agregarle algo de chispa a su matrimonio.

No sean predecibles. Si están en el medio de una discusión y sus parejas expresan un punto de vista adecuado, hagan una pausa repentina, sonrían, mírenlos a él o a ella bondadosamente, y díganles: "¿Sabes qué? Comprendo tu punto de vista. Tienes razón, yo estoy equivocado". Mientras su pareja no sufra de un ataque cardíaco, ésto puede ser algo excelente para su matrimonio.

Pero lo más importante es hacer el esfuerzo por demostrar apreciación por el otro. El matrimonio es duro. Hay hijos, hijastros, familias mezcladas, padres que envejecen, suegros, mascotas que cuidar, vecinos desagradables, y luego está el tener que dar dinero cuando no les alcanza o pedir dinero prestado cuando detestan tener que hacerlo. Estas situaciones tan difíciles conllevan mucho estrés, y dejar de demostrarle apreciación a la persona que tiene estas obligaciones bajo su ala, es perder una oportunidad importante de ayudar a su matrimonio.

Si Sam le demostrase a Amanda algo de apreciación por lo que ella hace por la hija de él y de vez en cuando la acompañase en esos esfuerzos, todos se sentirían mejor. Cuando hablen con su pareja o con cualquier otra persona sobre su matrimonio, asegúrense de referirse a él como **nuestro matrimonio**, no su matrimonio o mi matrimonio. Si por casualidad alguien les pregunta porqué están comportándose de una manera diferente, díganles que están intentando ayudar a su matrimonio. Si quieren saber aun más, cuéntenles los detalles que ustedes desean revelar sobre lo que están haciendo.

Mantengan la risa en su matrimonio. Miren a sus comediantes favoritos, que seguramente muestran la realidad de una manera nueva y divertida. Saquen ideas de ellos. Por supuesto que si no les gusta la blasfemia, eviten a los comediantes que la usan. Pero si su matrimonio está recuperándose, y tenemos la esperanza de que así sea en este momento, ambos necesitan reírse. Pensamos que el matrimonio es algo serio, pero perderse la oportunidad de reírse siendo demasiado serios es un error que pueden aprender a corregir. La teoría de la elección es una psicología alegre y despreocupada. La risa le hace bien a todo el mundo.

La pregunta para formularse en esta lección es: **¿Cuándo**

fue la última vez que utilizamos nuestra creatividad para divertirnos juntos?

"¡A MI MARIDO LE IMPORTA MÁS EL PERRO QUE YO!"

HECHO: En toda relación exitosa hay cinco respuestas positivas por una negativa. Él debe estar recibiendo más respuestas positivas del perro que suyas. Tómelo como una señal y practique "superar" al perro diariamente.

La historia de Sarah y Jim

Julia, mi hija, tiene trece años. Su hermano, Matthew, tiene nueve. Ambos son niños muy equilibrados. Obviamente, de vez en cuando tienen la típica pelea ocasional, como cualquier hermano y hermana, pero últimamente mi hija ha estado muy pensativa y de un humor raro. Yo creí que podían ser sus hormonas y esas cosas de todos los días por las que atraviesan las adolescentes. Matthew no dice demasiado pero he notado que sus notas escolares no son tan buenas como lo eran antes.

Ayer Julia tuvo un arrebato. Mientras corría por las escaleras hacia su habitación y justo antes de pegar un portazo, gritó, ¿porqué no podemos ser una familia normal como todo el mundo? Me quedé sorprendida. Debe haber notado que Jim y yo no nos estamos llevando bien. Últimamente, lo he estado ignorando. Ya casi no nos hablamos excepto para intercambiar insultos. Se puede cortar la tensión con un cuchillo en esta casa. Con razón los niños han percibido que algo que no les gusta está ocurriendo.

A mí tampoco me gusta lo que está sucediendo, pero no sé qué hacer al respecto. Jim está irritable todo el tiempo, y se desahoga conmigo. Según él, no hay nada que yo haga bien. Llega a casa y comienza a gritarnos por pequeñeces, como por ejemplo, cuando Matthew dejó su bicicleta en la entrada del garaje un día. Jim lo castigó y me culpó a mí de no enseñarlo a ser más responsable. Me dijo que yo dispongo de más tiempo que él para ocuparme de estas cosas. Yo le respondí, mira, si no estás contento con la manera como funcionan las cosas aquí, házmelo saber. Él me miró como diciendo que era una buena idea. Yo sentí deseos de decirle, ahí está la puerta, cuídate de no golpearte el trasero cuando salgas. No lo hice porque me dio miedo que pudiese tomárselo en serio. No quiero que mis hijos crezcan en un hogar deshecho, pero estoy muy enojada por la manera en que él viene actuando últimamente. Para colmo, ahora también está peleando con los niños, y ellos saben muy bien que estamos teniendo problemas. Se les ve en los ojos.

Nuestras peleas nunca ocurren delante de ellos. He mantenido mi boca bien cerrada, pero siento que llevo una bomba de tiempo dentro de mí a punto de estallar. Sin embargo, lo que quiero por encima de todo es mantener mi familia unida.

Sarah se refiere a mí como papá. Para ella no soy más Jim. Soy papá. Que yo sepa, no soy su padre. ¿Qué sucedió con amor o mi vida? ¿Cómo fue que quedé atrapado en este papel? Yo era un tipo muy divertido. Las mujeres pensaban que era sexy. Tenía metas, aspiraciones, sueños. Ahora todo lo que tengo es una hipoteca, una suegra pesada que me juzga porque siempre pensó que yo no era suficiente para su bebé, y una esposa que le presta más atención a sus hijos que a mí.

Yo trabajo como un animal para mantener a esta familia, ¿y que tipo de agradecimiento recibo? Ninguno. Todo lo que escucho constantemente es porqué no podemos obtener tal cosa, necesitamos tal otra, o siempre hay algo roto que necesita ser reparado. Sarah tiene un trabajo mínimo, y eso la hace sentir que es ella la que se ocupa de todo. No entiende el tipo de presión a la que yo estoy expuesto. A veces, no tengo ni ganas de volver a casa.

No soy una persona horrible ni un ogro como ella a veces me hace parecer. Yo amo a nuestros hijos tanto como los ama ella. Los niños son la razón por la cual yo permanezco en esta situación tan desagradable. No entiendo lo que nos sucedió. Yo amaba a Sarah cuando nos casamos. Supongo que muy dentro de mí todavía la amo. Pero ella va a tener que cambiar de actitud, y ¡Dios mío, que actitud tiene!

Lo que queda de nuestra vida sexual no es nada maravilloso tampoco. Estamos siempre demasiado cansados o enojados el uno con el otro para tener sexo. De hecho, me gustaría tener una vida sexual más activa, pero con una hija de trece años en la casa, es muy difícil volver a ser como antes. A veces cuando estoy en la oficina, me tienta tener alguna aventura, siempre hay alguien a mano. Pero no quiero arriesgarme a involucrarme en algo y perder a mis hijos.

– CONSEJO SIETE –

Compartan con sus hijos lo que están haciendo por su matrimonio

Si ustedes están tratando de descubrir formas de mejorar su matrimonio a través de la lectura de este libro, consideren lo siguiente. A pesar de que puedan estar sintiendo que su matrimonio ha mejorado, sus hijos seguramente tienen conciencia de la tensión creada por las dificultades que ustedes tuvieron y que quizás aún tengan. Ciertamente, existe la posibilidad de que ustedes puedan tratar a sus hijos de manera que la infelicidad que están experimentando no los afecte tanto, pero ellos se sentirían mucho más felices si ustedes aprendieran a llevarse mejor el uno con el otro. Si logran compaginar su matrimonio, llegarán a sentir la felicidad de ellos como una hermosa bonificación extra.

Con el fin de ayudarlos, hemos creado un pequeño bosquejo que explica la infelicidad matrimonial con claridad y propone qué hacer al respecto. Si sus hijos tienen la edad adecuada, pueden leerlo con ellos o leérselo. A ellos les puede divertir participar si ustedes se lo comunican. Recuerden que dentro de cada uno de nosotros vive un actor. El consejo seis que aparece en este libro se trató de la creatividad. El siguiente bosquejo le dará la oportunidad de ser creativo a cada miembro de la familia, al intentar participar en él.

Este bosquejo explica lo que ustedes están tratando de hacer en un lenguaje que tanto los adolescentes como los preadolescentes comprenderán. Los niños muy jóvenes necesitarán alguna explicación, pero les hemos enseñado la teoría de la elección a niños de cinco años y la han aprendido con facilidad. De hecho, si se la enseñan a un niño, ustedes también la asimilarán mejor y, al mismo tiempo, se acercarán a ellos de una manera más íntima. Lean el siguiente bosquejo y vean qué opinan sobre él. Si les parece que es algo que pueden utilizar para ayudar a sus hijos a comprender su dilema y lo que están tratando de hacer al respecto, entonces, denle una oportunidad.

Quejas típicas

Los personajes son un Loro, un Perro, una Gata y una pareja casada, Paul y Jan.

Los puede visualizar en su mente o hacer un dibujo de ellos mientras los visualiza. Si no, compre algunos títeres en una juguetería y utilícelos para hacerlos actuar en el bosquejo.

Escena uno

LORO: Les digo algo amigos, estoy preocupado por la gente con quien estamos viviendo.

PERRO: Oye, Loro, ¿qué está pasando? Tú nunca te preocupas. ¿Qué está ocurriendo con Paul y Jan? ¿Les sucede algo malo?

LORO: Ellos no cesan de hablar de que van a divorciarse. Si se separan, podríamos quedarnos sin esta casa tan cómoda.

PERRO: Pero ellos son tan buenos con nosotros. No entiendo porqué no se llevan bien entre ellos.

GATA: (*Despertándose*) Oye, esto es serio. Yo tenía un hogar bellísimo anteriormente y lo perdí cuando mis dueños se divorciaron.

LORO: Para mí es aun peor. Éste es mi cuarto hogar. Estoy demasiado viejo para comenzar a buscar uno nuevo. Siempre me he llevado bien con la gente con quien he convivido, pero absolutamente todos tuvieron problemas entre ellos. Probaban durante algunos años, y luego de un tiempo, les era imposible convivir.

GATA: Pero nosotros nos llevamos súperbien. Ellos están cometiendo un gran error.

LORO: Para mí es muy simple, ellos esperan demasiado el uno del otro. En cambio, nosotros no. Simplemente somos como somos.

PERRO: Nuestro lema es vivir y dejar vivir.

GATA: Definitivamente, no es el de ellos. En la última casa yo vivía con la esposa antes de que ella se casara, y todo iba bien. Él venía de visita muy seguido, y ellos se llevaban tan bien que yo pensé que seguramente todo continuaría así después de que se casaran. Pero, ¡no saben como cambiaron!

PERRO: Pero eso es lo mismo que está ocurriendo aquí. ¿No recuerdan lo bien que se llevaban Paul y Jan durante aquel tiempo, hasta que empezaron a criticarse el uno al otro?

GATA: Y a culparse el uno al otro por todo.

LORO: Y a quejarse el uno del otro. Esto ha ido empeorando con los años.

PERRO: Si sólo se tratasen mutuamente como nos tratan a nosotros.

GATA: Hasta cuando están en la cama y podrían estar disfrutando de una deliciosa noche de sueño, esos tontos se despiertan y comienzan a discutir. Ningún gato en el mundo haría algo tan estúpido.

LORO: Jamás encontraremos otra casa como ésta. ¿Habrá algo que podamos hacer para ayudarlos?

GATA: Yo trato de dar un buen ejemplo. Siempre estoy ahí, pero nunca interfiero. A veces hasta me despiertan para acariciarme y exhibirme, y jamás me quejo.

PERRO: Gata da buen ejemplo, pero no es suficiente. Si queremos ayudarlos va a tener que ser a través tuyo, Loro. Tú hablas el idioma de ellos, y siendo mayor, sabes mucho más sobre la gente que nosotros. Ellos te escucharán.

GATA: Tienes razón. Mira como se entusiasman cuando tú les dices, “Los canarios son una monada pero no saben hablar”. Se mueren de risa.

LORO: Supongo que podría hablarles, ¿pero qué puedo decirles?

PERRO: Has vivido con seres humanos durante setenta años. Algo debes haber aprendido. Si yo pudiese hablar tan bien como tú, me las ingeniaría para hablarles.

GATA: Lo que he notado es que uno de ellos es el que generalmente empieza a discutir, y luego continúan provocándose el uno al otro. Nunca aflojan.

LORO: Tienes razón. Sucede todo el tiempo.

GATA: Sin embargo, he notado que de vez en cuando uno de ellos para de hablar completamente. A eso lo llaman el tratamiento silencioso. Y mientras se mantienen en silencio, yo soy feliz. Mis siestas son extremadamente importantes para mí.

PERRO: ¿Se han dado cuenta que ellos hablan, hablan y hablan pero nunca escuchan? Estoy seguro que escucharían a Loro si él les pidiera que lo hagan.

LORO: Quizás se sorprenderían si de repente yo chillara "Apaguen ese televisor y escuchen".

PERRO: Claro, seguro que eso les llamaría la atención.

GATA: ¿Piensan que realmente nos escucharían?

PERRO: ¿Estás bromeando? Creo que les daría mucha curiosidad. Si Loro comenzase a hablarles, les aseguro que lo escucharían.

GATA: Sabes, Loro, si tú realmente les hablaras, antes de lo que te imaginas, estarías en televisión, con un agente propio y todo lo demás. Harías tanto dinero que podrías comprar una casa para nosotros.

LORO: ¿De qué serviría eso? No creo que los humanos compartan el dinero con los animales. De ninguna manera.

GATA: Pero... Larry King te pagaría una fortuna si le dieras una entrevista exclusiva.

LORO: Cálmense, por favor. Nunca haría eso.

Quiero ayudar a la gente con quien vivo, no quiero actuar como ellos.

PERRO: Tienes razón, Loro. Nunca caeríamos tan bajo.

GATA: No perdamos nuestro objetivo. Paul y Jan nos cuidan muchísimo. Lo mínimo que podemos hacer es ayudarlos.

LORO: Pero si yo les digo lo que tienen que hacer, seré exactamente igual que ellos.

PERRO: No, sólo tienes que decirles cómo nos llevamos nosotros. Y entonces, quizás ellos puedan descifrarlo por su cuenta.

GATA: Eso es pedir demasiado de los humanos.

PERRO: No, yo pienso que podrían lograrlo. Tienen muy buenos cerebros. Ellos han descubierto muchas más cosas que nosotros.

LORO: Excepto cómo llevarse bien entre ellos. En eso están años detrás nuestro.

GATA: Bueno, bueno (*bostezo*)... Me está viniendo mucho sueño. Así que, pájaro, ¿realmente vas a hablar con ellos?

LORO: Lo haré esta noche después de que los niños se vayan a la cama, y cuento con que ustedes dos me den una mano.

GATA: Bien, pero no te olvides de dar unos cuantos chillidos antes de empezar. Lo último que quisiera sería amodorrarme mientras ésto ocurre.

Escena dos

Son las nueve de la noche de ese mismo día. Gata y Perro se hallan en un pequeño sofá durmiendo una siesta. Loro está en su percha justo detrás del sofá. Jan está sentada en su silla leyendo una revista. Paul está en otra silla dormitando. Se oye el sonido del televisor de fondo.

LORO: (*Pegando unos chillidos y luego hablando a todo volumen*) Por favor, ¿podrían apagar ese televisor? Tenemos cosas muy importantes para decirles.

JAN: (*Súperentusiasmada*) Paul, despiértate, apaga el televisor. Apágalo. ¿Estoy oyendo cosas o este loro acaba de decir que tiene cosas muy importantes que decirnos?

PAUL: (*Bostezando*) Lo único que dice ese pájaro senil es, "Los canarios son una monada, pero no saben hablar". Jamás has logrado enseñarle a decir otra cosa.

LORO: Ella no está imaginando nada. Tenemos mucho de qué hablarles.

PAUL: (*Boquiabierto*) Realmente nos está hablando. No lo puedo creer.

LORO: Así es, lo que has oído es acertado. Gata, Perro y yo hemos estado conversando sobre algunas cosas. Estamos muy preocupados porque los hemos escuchado hablar sobre un divorcio. Lo que queremos saber es, ¿que nos ocurrirá a nosotros si ustedes se separan?

GATA: No es sólo por nosotros. También nos preocupan sus hijos. Los niños sufren cuando sus padres se divorcian.

PERRO: Claro, el divorcio lastima a todos. Es una de las cosas más tristes que provoca la especie a la que pertenecen.

PAUL: ¿Cómo saben lo que está ocurriendo entre nosotros?

JAN: Ustedes están preocupados por nuestros hijos. Nosotros también lo estamos. Si no fuese por ellos, ya nos hubiéramos divorciado.

LORO: Hemos observado cómo su matrimonio ha ido desbarrancándose poco a poco. Todo lo que venimos oyendo son críticas, culpas y quejas. No hay matrimonio que pueda sobrevivir eso. Pero creemos que podemos ayudarlos si nos escuchan.

JAN: ¿Realmente quieren ayudarnos? No puedo creer lo que oigo.

LORO: ¿Qué es lo que no pueden creer?

PAUL: Ustedes son sólo animales. ¿Qué pueden saber sobre el divorcio?

LORO: Realmente no sabemos nada sobre el matrimonio o el divorcio. Permanecemos juntos mientras somos felices. Una vez compartí una jaula con cinco parejas de pájaros enamorados. Sólo tenían ojos para sus parejas. Fueron felices durante años.

PERRO: Los humanos se casan y se llevan bien durante un tiempo, pero tarde o temprano comienzan a pelearse. Explícalo, Loro.

LORO: Lo que hemos notado es que la mayoría de las veces es Paul el que comienza, y Jan pelea de vuelta.

GATA: Excepto cuando ella le da el tratamiento silencioso. Esa parte no me molesta. Odio que me interrumpan la siesta.

JAN: Estoy escuchando hablar a un loro, un gato y un perro, no lo puedo creer. Eso es exactamente lo que nosotros hacemos.

PAUL: ¡Oye! Sé perfectamente lo que está pasando aquí. Yo te he visto hablar con ese loro senil a mis espaldas. Él no podría haber descubierto todo ésto solo. Estás haciendo que él me culpe a mí por todos nuestros problemas.

JAN: (*Fervorosamente*) ¿Realmente piensas que yo lo he empujado a hacer ésto?

PAUL: No me cabe la menor duda.

JAN: Claro, estoy haciendo un complot en contra tuyo con un loro. Siempre pensé que estabas loco, pero ahora tengo testigos.

LORO: Paul, Paul, no estamos haciendo ningún

complot en contra de nadie. Simplemente, no queremos que tú y Jan se divorcien.

GATA: Es muy sencillo. Simplemente, trátense de la misma manera que nos tratan a nosotros.

PERRO: Guau, Guau.

LORO: A él le cuesta hablar cuando se siente disgustado.

PERRO: Ustedes nos tratan mejor a nosotros que a sus propios hijos. Realmente, no lo comprendo.

JAN: Paul, tienen razón. Muchas veces me he pensado lo mismo. Todo lo que haces es criticarnos. A los animales no los criticas nunca.

PAUL: Sólo te critico porque estoy intentando ayudarte. Me quejo porque no me escuchas. Es culpa tuya que nuestro matrimonio sea un desastre.

JAN: (*Apelando a los animales*) ¿Se dan cuenta en contra de qué estoy?

GATA: Miau, Miau, Miau.

JAN: ¿Qué dijo?

LORO: Que le sorprende que hayas aguantado a Paul durante tanto tiempo.

PAUL: Bueno, ésto es demasiado. Te lo aviso, Jan. Vas a tener que elegir entre esos animales y yo. Y ustedes, animales, mejor se pongen de mi lado o están fritos.

LORO: Cálmate, Paul. Estás malentendiendo todo. No estamos ni del lado de Jan ni del tuyo. Los tres estamos del lado de tu matrimonio.

PERRO, GATA: Exactamente, así es.

LORO: Han estado menospreciándose el uno al otro durante tanto tiempo que se han olvidado que están casados.

PERRO: Pero nosotros no, Paul.

(GATA maúlla y asiente con la cabeza)

PAUL: ¿Qué quieren decir con que yo me olvido de que estoy casado?

JAN: Creo que lo que quieren decir es que nuestras quejas, las discusiones, los desprecios, todo lo que estamos haciendo, está matando nuestro matrimonio. Confrontémoslo. No eres sólo tú; somos los dos. Tal parece que en lo único que pensamos es en nosotros.

LORO: Ustedes se amaban. Nosotros recordamos muy bien aquellos días, aunque ustedes no los recuerden.

PAUL: Pero todas las parejas casadas se pelean.

(La gata maúlla y emite sonidos)

PAUL: ¿Qué está tratando de decir?

LORO: Gata dice que mayormente tienes razón. Las parejas casadas se pelean mucho. Pero algunas se llevan bien. Nosotros podríamos enseñarles si ustedes quisieren aprender.

PAUL: Yo me gradué en la universidad. Manejo un negocio exitoso. ¿Qué es lo que me puede enseñar a mí cualquiera de ustedes?

JAN: Paul, el matrimonio no es un negocio. No puedes alejarte de él nunca. ¿Porqué no los escuchamos? Nos sentimos tan desgraciados. No tenemos nada que perder.

PAUL: Me molesta la idea de que estos animales aleguen saber más que yo.

JAN: Pero no puedes negar que ellos se llevan mejor entre ellos que nosotros.

PAUL: (*Pensando*) No, eso no lo puedo negar. Quizás tengas razón. Supongo que no tenemos nada que perder.

JAN: En serio, ¿escucharías?

PAUL: En serio suena demasiado fuerte, pero sí, estoy listo para escuchar. Adelante, Loro.

LORO: (*Pausadamente y pensando*) Siempre que sientan el deseo de criticar, culpar y quejarse...

PERRO: Estorbar, amenazar, castigar o sobornar... Pues bien, antes de hacerse todas estas cosas el uno al otro...

GATA: Incluso antes de poner los ojos en blanco o utilizar un tono de voz que humille al otro, o de hacer algún gesto hostil con sus manos. ¿Entienden lo que les digo?

JAN: Entiendo perfectamente.

PAUL: Estoy empezando a darme cuenta. ¿Qué deberíamos preguntarnos?

LORO: Pregúntense, "Lo que estoy por hacer, ¿podría dañar **nuestro** matrimonio?"

(Gata y Perro maúllan y ladran con énfasis)

LORO: Ellos me están recordando que no olvide de decirles que siempre deben pensar **nuestro matrimonio**, nunca **mi matrimonio**.

PAUL: Déjenme ver si entiendo lo que me están diciendo. Nos están pidiendo a ambos que pongamos nuestro matrimonio por delante de lo que cada uno de nosotros necesita individualmente.

LORO: (*A un fuerte volumen*) **Correcto, absolutamente correcto, así es el juego.**

(Perro y Gata emiten sonidos que indican que están de acuerdo)

LORO: Ustedes quieren divorciarse porque durante los últimos cinco años han puesto sus necesidades individuales por delante de su matrimonio. Pero si paran de hacer eso, quizás puedan salvarlo.

PAUL: Tratamos de hacer eso con nuestros hijos.

JAN: Y casi siempre lo hacemos con nuestros amigos también.

LORO: La mayoría de las parejas lo hacen, pero no

el uno con el otro. Por eso nos preocupa tanto que puedan reincidir y comenzar a criticarse y quejarse otra vez.

JAN: ¿Pero porqué? ¿Porqué lo haríamos? Lo que nos han enseñado es muy simple y tiene tanto sentido.

PAUL: Admito que tiene sentido. Pero, ¿por qué es tan difícil hacerlo cuando uno está casado?

LORO: Hay una respuesta para esa pregunta, pero no estamos seguros si la van a aceptar.

JAN: ¿Por qué no la aceptaríamos?

GATA: Porque son humanos y tienen profundamente arraigada la idea del bien y del mal. Si no se salen con la suya, piensan que lo correcto es tomar el mando e intentar controlar a todo el mundo, cuando la única persona que realmente pueden controlar es a sí mismos.

LORO: Se estropea tanto todo que la gente puede llegar hasta la violencia. Tú has tenido pensamientos violentos, Paul. Lo hemos presenciado cuanto te enojas.

PAUL: Pero es ella la que me lleva hasta, ay... debo parar de pensar de esta forma, aunque es muy difícil.

JAN: Esa es la diferencia entre ustedes los animales y nosotros las personas, ¿no es cierto?

Ustedes no piensan que saben lo que necesitan los demás; pero nosotros sí.

PAUL: ¿Les explican ustedes este tipo de cosas a otra gente?

PERRO: Créanme, no nos sentimos consejeros matrimoniales. Lo único que queremos es vivir en esta hermosa casa, con ustedes y su familia.

LORO: Apreciamos lo bien que nos tratan pero lo que ocurre es que su especie está movida por el poder y la nuestra no.

PERRO: ¡Claro! Ustedes no viven ni dejan vivir.

GATA: Pero nosotros sí lo hacemos y es una manera maravillosa de vivir la vida.

JAN: Jamás he oído a nadie que diga ésto tan directamente, pero supongo que nosotros somos muy controladores, ¿no es cierto?

LORO: No lo has oído porque nunca has hablado con un animal.

PAUL: ¿Tenemos que ser así?

LORO: No. Pero sí pueden elegir ser tan buenos y considerados como nosotros. Sin duda, es así como ustedes nos tratan.

JAN: ¿Quieren decir que realmente podemos elegir tratarnos mejor?

LORO: Por supuesto, si eso es lo que desean. Ahora díganme lo que ambos han aprendido.

PAUL: He aprendido que la única persona que

puedo controlar es a mí mismo. No puedo controlar a Jan ni a ninguna otra persona.

JAN: Los dos hemos aprendido que sólo podemos controlar nuestro propio comportamiento.

LORO: ¿Qué sucede si tratan de controlar a otra persona?

JAN: Tengamos éxito o no, dañaremos esa relación. Hemos hecho ésto durante los últimos cinco años exitosamente.

GATA: Si realmente pueden aprender a practicar ésto, habrán aprendido algo que al noventa por ciento de su especie aún le queda por aprender. Pero en este momento me está viniendo mucho sueño. Sugiero que nos vayamos todos a la cama.

PAUL: Me parece perfecto, pero antes quiero agradecerles mucho a los tres.

JAN: Sí, yo también.

Sea cual sea el problema de Sarah y Jim, la manera en que se están comportando el uno con el otro los está llevando hacia el mismo lugar en que se encuentran Paul y Jan, la pareja del bosquejo. Ambas parejas han estado revoloteando alrededor del divorcio. Se hallan en una zona de peligro, dirigiéndose a un lugar sin retorno. Sus hijos están situados en la línea de fuego. A todos les gustaría poder hacer algo, pero no saben qué. El no saber qué hacer ubica al divorcio como la opción inefable. La única respuesta sería que toda la familia aprenda a comportarse de una manera diferente.

⁂

La pregunta de esta lección que ustedes deben debatir es: **¿Qué puede este pequeño bosquejo enseñarle a su familia?.**

"MI MARIDO CLAVA LA VISTA, EMBOBADO, EN CADA CHICA BONITA QUE PASA. ¿ES NORMAL QUE YO LE PELÉE?"

En realidad, no es culpa de él. Hecho: Los hombres están programados para mirar a las chicas bonitas. El instinto los lleva a buscar una compañera que los provea del mejor vástago. El sólo tener una compañera que él ama, no para la programación genética. Como dijo Carl Jung, "Uno debe dejar que las cosas ocurran".

La historia de Gordon y Mercedes

Estoy muy preocupado por mi relación con Mercedes. Nuestra vida sexual ha ido desapareciendo lentamente. Supongo que ya no me siento atraído por ella como lo estaba antes. Quizás he dejado de amarla. Me es cada vez más difícil mantener una erección cuando tenemos sexo. Quizás debería conseguir Viagra, o mejor aun alguna otra chica.

El sexo con Mercedes se ha convertido en algo increíblemente aburrido, y ella tampoco está tan interesada como lo estaba antes. De vez en cuando conversamos sobre ésto, y ella me dice que lo que nos está sucediendo es lo que les sucede a la mayoría de las parejas casadas. Habla como si ella ahora fuese una autoridad en el matrimonio. Proclama que yo no debería estar tan preocupado, pero lo estoy. La única razón por la cual no estoy teniendo una aventura es porque tengo miedo de no poder tener una erección con otra persona y sentirme avergonzado por ello.

Nunca hacemos nada nuevo. Ella es muy tradicional. Cuando yo le sugiero que probemos algo diferente, actúa como si la hubiese insultado. Todo lo que sé es que yo necesito más, y no lo estoy obteniendo. Ella dice que tenemos un buen matrimonio, una familia feliz y muchos amigos agradables. Gozamos de una vida social muy activa, y ella es tan buena anfitriona que a todo el mundo le gusta venir a nuestra casa.

Pero cuando nos reunimos, parecemos un grupo de viejas parejas casadas. Los hombres están en un cuarto hablando sobre deportes o política, y las mujeres en otro hablando sobre lo que sea que hablan las mujeres.

A veces desearía que pudiésemos ser como los de la película *The Ice Storm* y poner todas nuestras llaves en la misma taza. Podríamos irnos a casa con la persona a quien le pertenezcan las llaves que nosotros elegimos, al azar. Al menos estaríamos haciendo algo emocionante, un pequeño cambio. Tengo otras fantasías sexuales que no le contaría a nadie, mucho menos a Mercedes. Le daría un ataque si le contase en qué consisten. Ella es realmente una esposa maravillosa de muchas maneras, pero yo quiero más que un ama de casa. Deseo una compañera que me ofrezca una emocionante vida sexual.

⁂

Me da pena Gordon. Creo que tiene eso que en televisión llaman disfunción eréctil. Ahora él quiere hacer cosas raras y pervertidas conmigo cuando tenemos sexo. Creo que él piensa que es culpa mía. Yo no creo que lo sea porque cuando recién nos casamos teníamos relaciones sexuales maravillosas. No sé lo que pasó. A veces me hago la que no tengo interés en tener sexo porque no quiero avergonzarlo. Yo sé que él se siente mal cada vez que no consigue mantener una erección, pero ¿es ese mi problema? A mí me encantaba el sexo. Él era un amante muy afectuoso, considerado y estaba pendiente de mis sentimientos. Me escribía notitas de amor y me las ponía en la almohada. Una mañana me encontré rodeada de pétalos de rosas al despertarme. Verdaderamente, no sé qué fue lo que cambió. Me encantaría recuperar al Gordon de antes.

Estoy comenzando a resentir esta nueva versión de Gordon. Él me parece tan egocéntrico ahora. Sólo piensa en tratar de hacerme hacer cosas con él que yo veo como degradantes. No siento deseos de hacer ese tipo de cosas y se lo he expresado. Él se frustra tanto conmigo cuando le digo que no que me da un empujón, se da vuelta y se duerme. De hecho, yo también me siento frustrada. A mí me gustaba lo que hacíamos antes. Me funcionaba muy bien. ¿Qué fue lo que nos pasó?

Quizás ésto le suceda a toda pareja que haya estado casada tanto tiempo como nosotros. Yo le digo que probablemente sea lo más normal del mundo. Pero sé que él no se siente feliz, y pensándolo bien, yo tampoco lo estoy. Siempre está presente esa presión sexual, y cuando no nos satisfacemos, nos sentimos mal con nosotros mismos.

Desearía tanto que las cosas cambiaran. Yo le digo que debemos seguir adelante con nuestras vidas y olvidarnos de ésto. Al fin y al cabo, no es tan importante en nuestra vida en general, ¿no es cierto? Después de todo, el sexo abarca sólo una pequeña porción de nuestras vidas. Hacemos miles de otras cosas juntos que son divertidas y excitantes.

De verdad, espero que nuestra relación pueda sobrevivir esta pequeña falla. De cualquier forma, me preocupa la idea de que Gordon salga a buscar algún tipo de satisfacción sexual por ahí o se vuelva adicto a la pornografía que se encuentra en Internet. Me he enterado que existe ese problema a través de algunos programas de televisión. Eso me decepcionaría mucho. Yo hice un compromiso con él cuando nos casamos. Le he sido fiel durante todos estos años de matrimonio, aunque tengo mil razones para sentirme insatisfecha. Pero cuando me hallo entre la espada y la pared, siento que yo tengo razón y qué él está equivocado. Él no estaría de acuerdo conmigo. Piensa que sabe más que yo sobre este tema, pero discutir con él sobre todo ésto sólo empeoraría las cosas.

– CONSEJO OCHO –

Procuren encontrar nuevas maneras de mejorar su intimidad sexual

Tener sexo satisfactorio es un ingrediente muy necesario en un matrimonio duradero y feliz. No importa cuán seguido lo ejerzan o cuanto dure, lo que importa es que cada vez que hagan el amor ambas partes de la pareja tengan una experiencia satisfactoria. Gordon y Mercedes se quejan de que su vida sexual no es satisfactoria para ninguno de los dos. Prácticamente, han dejado el sexo de lado.

Es muy posible que ustedes todavía tengan una relación sexual como pareja, pero en un matrimonio infeliz es poco probable que esa relación sexual los satisfaga a ambos. Lo más probable es que no los satisfaga a ninguno de los dos. No alegamos ser expertos en sexo, pero hemos descubierto algunas cosas sobre el sexo matrimonial que nos gustaría compartir con ustedes en esta sección.

En principio, las parejas casadas generalmente perciben, erróneamente, que cuando el enamoramiento entre ellos decae y el deseo sexual por el otro decrece, significa que ya no se aman más. Gordon está viviendo bajo esta impresión. Mercedes y él no se dan cuenta de que cuando el enamoramiento termina su curso, el sexo creativo y el amor duradero reemplazan al enamoramiento que se desvanece.

Aunque lo más deseable es que ambos tengan un orgasmo, no es necesario que lo tengan al mismo tiempo. Así se describe el sexo en novelas "adultas" entre personas que acaban de conocerse, se enamoran y no saben nada la una de la otra. Hay mucho de atletismo en estos encuentros, pero no demasiado amor o ternura.

Hay también otras creencias populares que tienen poco que ver con el tipo de sexo que está a su alcance si ustedes se están llevando bien el uno con el otro. Recuerden que un alto porcentaje de la experiencia sexual ocurre en la mente. Quizás les cueste creerlo, pero los hombres pueden alcanzar excelentes orgasmos aun cuando no logran tener erecciones. El estado mental que le permite a un hombre tener un orgasmo satisfactorio usualmente permanece intacto en aquellos que no pueden lograr una erección.

Una esposa cariñosa y paciente usa su creatividad para llevar a su marido al orgasmo sin erección. Pero las esposas no siempre están dispuestas a hacer este esfuerzo si, en primera instancia, sus maridos no se han esforzado para que ellas también disfruten de un orgasmo. Por lo tanto, el sexo entre personas casadas puede alternarse, primero ella y luego él o vice versa. Aunque no logre llegar a la erección, el marido se excitará a la par de su esposa mientras la lleva lenta y suavemente al orgasmo con el método que ella prefiera y que él esté dispuesto a ejecutar aunque no pueda lograr una erección.

El método que usen debe estar basado en una decisión conjunta. Un marido bien dispuesto y cariñoso puede convertirse en un artista del sexo mientras va educándose, haciéndole alcanzar a su esposa el orgasmo. La clave de la compatibilidad sexual es la satisfacción mutua; como se llega no es lo importante. Esta información ha eludido no solamente a Gordon y Mercedes sino a la mayoría de las parejas casadas que no son felices.

No hay un límite de edad para estas actividades, ni necesidad de usar drogas para inducir una erección. No hay necesidad de apurarse, preocuparse por la coordinación o tener miedo de sentirse inadecuados o rechazados. Mercedes se queja de que ella y Gordon sienten mucha presión al tener que realizar el acto sexual, como si estuviesen en un certamen o concurso.

El acto sexual suscita presión cuando la relación se encuentra desconectada, pero si dos personas son felices juntas y se sienten conectadas, el orgasmo se convierte en un obsequio que se comparte sin juzgarse mutuamente. El sexo sin expectativas preconcebidas se transforma, en su mayor parte, en una experiencia relajada y placentera. La presión de tener que hacerlo bien está ligada al control externo que utilizan con ustedes mismos, lo cual hace que sus mentes se enfoquen más en la actuación que en el placer. Esa es la razón por la cual Mercedes sugirió tener menos sexo o simplemente olvidarse de él.

Sólo la noción de que hay un orgasmo disponible para ambos cada vez, mantendrá el sexo en sus mentes. Comprender la fisiología y los ciclos sexuales individuales de cada uno de ustedes es parte del placer de irse conociendo el uno al otro en esta nueva y emocionante fase que va más allá del enamoramiento.

Gordon está pensando en experimentar sexualmente con otra persona, pero duda porque tiene miedo de que Mercedes se entere. Además, es lo suficientemente vivo como para conocer los peligros de una aventura ilícita. Necesita comunicarse con Mercedes de manera que ella no le deje de prestar atención. Ella necesita que él la corteje con cariño y cuidado antes de poder contemplar otro tipo de sugerencias sexuales de parte de él.

A él ésto no le resultará fácil, y tendrá que tener mucha paciencia ya que en este momento la mente de ella está cerrada a todo lo que sea nuevo. En todo caso, las charlas cariñosas, la ternura y el afecto, deben ocurrir antes de cualquier tipo de exploración sexual.

La vida sexual de un matrimonio es algo completamente privado. Cualquier cosa es válida, mientras la pareja esté de acuerdo. Hay productos en el mercado que son, de alguna forma, educacionales, ya que la pareja que está de acuerdo puede compartirlos. Son cosas que existen en el universo sexual que se pueden probar con confianza. La frase clave en esta lección es que **el consenso debe ser mutuo**. Si inicialmente no se ponen de acuerdo, ambos deben ser pacientes, mantener una mente abierta y negociar una solución. No obstante, ninguno de los dos debe usar el control externo e intentar tener ventaja sexual sobre el otro manipulándolo o rechazándolo. Cuando Mercedes se negó a hacer lo que le sugería Gordon en la cama, él le dio la espalda intentando controlarla con su enojo y rechazo. Esto no funcionó.

Deliberadamente, hicimos que esta sección referida al sexo fuese la última ya que nuestra intención fue poder prepararlos a ambos mentalmente a través de las secciones previas. La naturaleza nos brinda la disponibilidad del placer sexual a todos nosotros. Las personas casadas felizmente pueden tomar ventaja de este regalo en cualquier momento que lo deseen. El propósito de este libro ha sido enseñarles lo que necesitan hacer para ser felices como pareja, no sólo como individuos. El sexo matrimonial placentero es una gran parte de esa felicidad. Las parejas felices continúan demostrando interés mutuo sexualmente. La felicidad matrimonial es el afrodisíaco más eficaz.

Si en su matrimonio ustedes han podido descubrir cosas relacionadas al sexo que les funcionan, no dejen que nada de lo que hemos escrito aquí preceda sobre lo que ustedes han aprendido. El llevarse mejor realzará lo que están haciendo.

Este libro es para las personas que creen que pueden aprender a remontar su matrimonio del lugar en el que se encuentra en este momento a un lugar mejor.

Finalmente, si ambos se sienten totalmente relajados, completamente seguros de sí mismos y no abrigan ningún enojo o resentimiento entre ustedes, la probabilidad de que tengan una relación sexual satisfactoria es muy alta. La satisfacción sexual en el matrimonio depende de la confianza que se tenga una pareja. También depende de hacer todo lo posible para tener una relación amorosa constantemente, no sólo en la habitación. Es por eso que los consejos dados en este libro, que les enseñan cómo llevarse mejor, pueden finalmente conducirlos a lograr una relación sexualmente más íntima y completa. El sexo es una manera de sentirse conectados íntimamente y muy cerca el uno del otro. No hay nada en este libro que pueda lastimar a ninguno de ustedes dos si ambos están de acuerdo en seguir estos consejos y amarse el uno al otro.

– UNA ÚLTIMA PALABRA –

Un matrimonio feliz equivale a una relación totalmente compartida. A pesar de que a veces pueda parecer acertado retener información sobre cierta enfermedad grave o algún contratiempo financiero, las parejas que se aman raramente hacen ésto. Independientemente de que las noticias sean buenas o malas, la primera persona a la que acuden es a su pareja. Lo que ésto hace es establecer un nivel de confianza único al tipo de matrimonio que procuramos ayudarles a crear cuando decidimos escribir este libro.

En nuestro matrimonio, ambos sabemos que pase lo que pase, el otro se involucrará. Ninguno de los dos quedará aislado, bajo ninguna circunstancia. Intentar proteger al otro de noticias desagradables, como lo haríamos con un niño o un padre anciano, no forma parte de nuestro amor. Necesitamos sentirnos totalmente involucrados. Nos tranquiliza no sólo el hecho de saber que se nos confiará todo problema que ocurra, pero también el poder ser parte de cualquier solución que sea necesaria.

Esto no ocurrió de un día para el otro. Fue construyéndose poco a poco a medida que nuestro matrimonio se fue armando. Así se edificó la fuerza de nuestra relación. Con el tiempo, nuestro matrimonio se convirtió en algo muy sólido. Esta fortaleza es el fundamento del que han aprendido a depender nuestra familia, amigos y hasta nuestros colegas. Disfrutamos mucho de lo que hemos creado.

No tenemos más que decir. Apreciamos su deseo de leer este libro. Nos encantaría que nos contacten. Nos pueden escribir a nuestra dirección de correo electrónico: wginst@wglasser.com. Trataremos de responder a todas sus preguntas, pero, por favor, no nos escriban hasta que hayan leído sobre estos ocho consejos.